실시간 여행영어

외국인과 프리하게 대화한다~

영어교재연구원

도서출판 예가

TRAVEL

PART 3 레스토랑

 단어바꾸가며 말해요 134
unit ❶ 식당찾기와 예약하기 136
unit ❷ 음식 주문하기 141
unit ❸ 맛있는 음식 즐기기 145
unit ❹ 식당내 트러블 150
unit ❺ 패스트푸드 먹기 153
unit ❻ 음식값 계산하기 156
여행정보 Tip 159
point words 164

PART 4 교통

 단어바꾸가며 말해요 168
unit ❶ 길묻기와 대답하기 170
unit ❷ 택시로 이동하기 175
unit ❸ 버스로 이동하기 178
unit ❹ 관광버스로 이동하기 181
unit ❺ 지하철 · 기차로 이동하기 182
unit ❻ 렌트카 빌려타기 189
unit ❼ 자동차로 이동하기 192
여행정보 Tip 195
point words 200

PART 5 관광

단어바꿔가며 말해요 204
unit ❶ 관광안내소 206
unit ❷ 투어로 관광하기 210
unit ❸ 관람티켓 구입하기 215
unit ❹ 기억에 남는 사진촬영 220
unit ❺ 재미난 흥밋거리 223
unit ❻ 레저를 즐길 때 226
여행정보 Tip 229
point words 234

PART 6 쇼핑

단어바꿔가며 말해요 238
unit ❶ 쇼핑샵 찾아가기 240
unit ❷ 원하는 물건찾기 243
unit ❸ 색상과 디자인 248
unit ❹ 백화점과 면세점 251
unit ❺ 물건값 계산하기 254
unit ❻ 포장과 배송하기 260
unit ❼ 반품과 환불요청 263
여행정보 Tip 266
point words 270

PART 7 통신

단어바꾸가며 말해요 274
unit ❶ 전화걸기와 전화 받기 276
unit ❷ 우체국에서 우편부치기 282
unit ❸ 은행에 가서 일보기 286
여행정보 Tip 288
point words 293

PART 8 위급상황

단어바꾸가며 말해요 296
unit ❶ 영어가 서툴때 298
unit ❷ 위급상황시 대처하기 301
unit ❸ 물건도난시 대처하기 306
unit ❹ 교통사고시 대처하기 308
unit ❺ 병원에서 대처하기 311
여행정보 Tip 317
point words 321

PART 9 귀국

unit ❶ 항공편 예약과 재확인 324
unit ❷ 공항가기와 비행기 탑승 327
여행정보 Tip 334
point words 337

부록 : 기본으로 알아두면 편리한 영단어 340

이책의 활용법

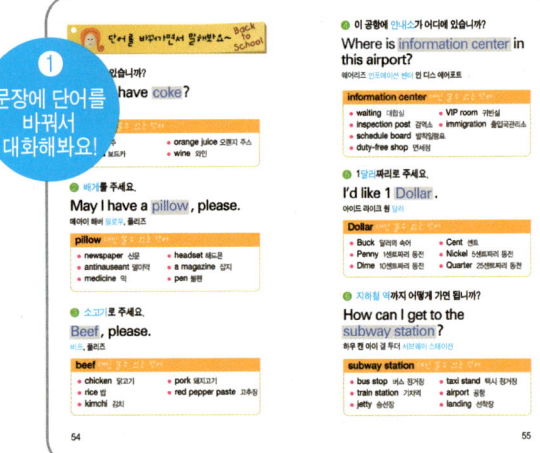

1. 문장에 단어를 바꿔서 대화해봐요!

2. unit별로 나눠 대화형식으로 엮었어요!

출국 시 알아두어야 할 에티켓

출국하기 전
* 여권을 자신이 직접 갖고 있는 경우는 틀히 출발일 1~3일 전에는 항공사나 여행사에 예약 재확인을 하고, 여행을 하고자 하는 나라의 날씨, 주의사항 등을 간단한 정보를 익힌다.
* 환전은 시내 은행이나 공항에서도 가능하며, 환전할 때는 여권이 꼭 필요하다.

출국하는 날
* 보통 국제선은 출발시간 2시간 전, 국내선은 1시간 전까지 출국수속을 시작한다. 주말에는 항상 공항이 붐비므로 수속이 대기지 마련이므로 미리 서둘러 공항에 가는 게 좋다.
* 비행기 좌석예정은 보딩패스(수하)를 티켓을 좌석권으로 바꿀 때 정해지므로 일찍 할수록 원하는 자리에 앉을 수 있다.

공항에서
* 짐이 많은 사람들은 내용물이 손상되지 않게 잘 포장한 다음 보딩패스를 할 때 짐을 부치고, 반드시 TAG(짐을 부칠 때 항공사에서 주는 꼬리표, 보통 항공편명, 출발지, 도착지, 시간이 적혀 있음)를 받고 가방에 이름표를 꼭 달아놓는다.
* 휴대한 귀중품은 세관을 통과할 때 꼭 신고하여 입국시 문제가 발생하여 좋은 추억을 망치는 일이 없도록 해야 한다. 가벼워든 간단한 휴대품 가방만 갖고 들어갈 수 있다.

기내에서 지켜야할 에티켓

좌석에서
* 기내에서 간편한 옷차림을 하거나 슬리퍼를 신는 것은 큰 참지만 내외 비행이나 양말을 벗는 행위는 곤란하다. 발이 지근하면 신발을 벗는 것은 기쁘나 벗은 발 가치를 들어다거나 신발 벗은 발이 타인에게 보이도록 자세를 취하는 것은 실례가 되므로 조심해야 한다.
* 승무원을 부를 때는 승무원 호출버튼을 누르거나 돌로를 지날 때 가볍게 손짓하거나 눈이 마주칠 때 부른다. 우리 식으로 손을 흔들어 부르는 것은 에외에 어긋난다.
* 좌석의 등받이를 뒤로 재칠 때는 자-치게 제치면 인란다. 식사가 시작되면 제쳐놓은 등받이를 반드시 원위치로 해 놓는다. 베개와 모포는 보통 머리 위의 선반에 비치되어 있다.

식사를 할때
* 식사서비스가 시작되면 앉다 자기자리로 가서 좌석의 등받이를 일으켜 세우고 식사를 같이 테이블을 펴놓고 기다린다.
* 식사나 음료서비스를 받을 때는 "Thanks"라고 감사 표시를 하는 것이 좋은 매너이다. 식사가 끝나면 반드시 식사 테이

---

point words

area	에어리어	지역
duty - free	듀티프리	면세
grocery	그로우서리	식료품점
look for	룩 포	~을 찾다
convenience	컨비니언스	편리
sale	세일	할인판매
business	비즈니스	사업
touch	터치	만지다
blouse	블라우스	블라우스
sneakers	스니커즈	운동화
wife	와이프	부인
casual	캐주얼	편한
cotton	카튼	면
suggest	서제스트	제안하다
better	베러	더나은

point words

quality	퀄리티	품질
flashy	플래쉬	화려한
plain	플레인	수수한
19 style	스타일	스타일
design	디자인	디자인
similar	시밀러	유사한
measure	메저	재다
bigger	비거	더 큰
floor	플로어	층, 바닥
wear	웨어	의류, 입다
lady	레이디	숙녀
made of	메이드 오브	~로 만들어지다
made in	메이드인	~에서 만들어지다
silk	실크	비단
hand - made	핸드메이드	수제품

완벽한 여행준비!!

여권과 비자

여권은 국적과 신분을 증명하는 신분증으로 외국 여행 시 여권을 소지할 의무가 있다.

여권발급(전자, 복수여권 기준)
본인이 직접 신청한다. 단 질병, 장애 및 만 18세 미만의 미성년자는 제외

● **구비서류**
여권발급신청서, 여권용 사진 1매, 신분증, 병역관계서류

● **수수료**
유효기간 10년 53,000원, 유효기간 5년 만 8세 이상 45,000원, 만 8세 미만 33,000원

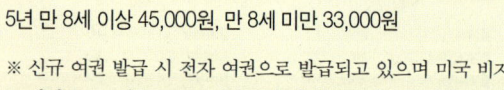

※ 신규 여권 발급 시 전자 여권으로 발급되고 있으며 미국 비자 면제프로그램(VWP)를 이용하기 위해서는 반드시 전자여권을 발급받아야 한다.
※ 단수여권은 유효기간 내에 1회에 한하여 외국여행을 할 수 있는 여권

여권사진
6개월 이내에 촬영한 사진으로 귀 부분이 노출되어 얼굴 윤곽이 뚜렷이 드러나야 한다.
가로 3.5cm, 세로 4.5cm로 정면을 응시하며 눈동자가 선명하게

여행을 떠나기 전 설레이는 마음! 그러나 막상 가면 항상 준비가 부족해 아쉬움이 남는 경우가 있다. 완벽한 여행준비는 여행을 200% 즐겁게 하며 어떠한 위급상황에서도 여유롭게 대처할 수 있다.

보여야하며 안경은 착용 가능하지만 안경테나 안경렌즈에 눈이 가려서는 안 된다. 바탕은 흰색이여야 하고 모자나 머플러 착용 및 흰색의상, 제복 등도 안 된다.

비자
출국하고자 하는 상대 국가에서 여권 검사를 받고 입국을 허가 받는 증명서로 비자 면제 협정을 맺은 국가도 허용기간을 초과 하여 체류할 때에는 반드시 체류목적에 맞는 비자를 발급 받아야 한다.

VWP(Visa Waive Program) 사증면제제도
국가 간 이동을 위해서 원칙적으로 사증(입국허가)이 필요하지만, 방문편의를 제공하기 위해서 일정기간 사증 없이 체류할 수 있는 제도

비자의 종류
상용 비자 _ 사업이나 회사 문제로 미국에 입국하려는 외국인
유학 비자 _ 학업 또는 언어교육이 목적인 학생
교환 방문 비자 _ 국제 문화 교류의 목적
취업 비자 _ 현지에서 단기간 일을 하고자 하는 경우
주재원 비자 _ 실질적인 무역 업무를 하고자 하는 경우
투자자 비자 _ 상당량의 자본을 투자 중이거나 또는 투자 중에 있는 기업을 직접 확장 운영하기 위한 목적이 있는 경우 등

비자 발급

비자 발급처 _ 각국 영사관, 여행사 대행
수수료 _ 보통 50,000원에서 20만원 사이(국가, 비자의 종류와 체류 기간에 따라 다름)
비자 인터뷰 주의 사항 _ 비자는 타국에 체류 허락을 받는 것으로 한 번 거절당하면 기록이 남아서 다음번에도 거절당할 가능성이 있으니 주의해야 한다. 구비 서류를 빠짐없이 준비하고 방문 목적이 확실하다면 크게 걱정하지 않아도 된다.

한국인의 무사증입국이 가능한 국가

아시아
동티모르(외교·관용), 마카오(90일), 라오스(15일), 홍콩(90일), 몽골(최근 2년 이내 4회, 통산 10회 이상 입국자, 30일), 베트남(15일), 브루나이(30일), 인도네시아(외교·관용/14일), 일본(90일), 대만(30일), 필리핀(21일)

아메리카
미국(90일), 캐나다(6개월), 가이아나, 아르헨티나(90일), 에콰도르(90일), 온두라스(90일), 우루과이(30일), 파라과이(30일), 북마리아연방(30일)

유럽
사이프러스(90일), 산마리노(9일), 세르비아(90일), 모나코(90일), 몬테네그(90일), 슬로베니아(90일), 크로아티아(90일), 안도라(90일), 보스니아헤르체고비나(90일), 우크라이나(90일), 조지아(90일), 코소보(90일), 마케도니아(1년 중 누적 90일), 알바니아(90일), 영국(최대6개월), EU국가(90일)

오세아니아
괌(15일/VWP 90일), 바누아투(1년 내 120일), 사모아(60일), 솔로몬군도(1년 내 90일), 통가(30일), 팔라우, 피지(4개월), 마샬군도(30일), 키리바시(30일), 마이크로네시아(30일), 투발루(30일)

아프리카·중동
남아프리카공화국(30일), 모리셔스(16일), 세이쉘(30일), 오만(30일), 스와질랜드(60일), 보츠와나(60일), 아랍에미리트(30일)

※ 미국 : 비자면제프로그램에 의해 전자여권으로 https://esta.cbp.dhs.gov에서 전자여행 허가를 미리 받아야 한다.
※ 영국 : 무사증입국 시 신분증명서, 재정증명서, 귀국항공권, 숙소정보, 여행계획 등 제시 필요(주영국대사관 홈페이지 참조)

환전 및 여행경비

공항 보다 일반 거래 은행을 이용한다.
공항은행은 많은 여행객들이 환전할 수 있는 마지막 창구이기 때문에 환전 수수료가 비싸게 운영되므로 공항에 가기 전에 시중은행에서 필요한 금액을 미리 환전해 놓는다. 최소한의 경비만 환전할 계획이라면 가까운 은행에서 환전해도 무방하다. 보다 좋은 환율을 적용받고 싶다면 시내 금융가의 본·지점에서 환전하는 것이 유리하다.

고시환율이 싼 은행을 찾거나 환율 우대쿠폰을 확인한다.
환율은 주가처럼 끊임없이 변하므로 은행마다 조금씩 차이가 있기 때문에 각 은행 중에서 가장 환율이 싼 은행을 선택하여 환전하는 것이 좋고 각 은행에서 발행하는 환율 우대쿠폰도 확인해 본다.

인터넷 환전
인터넷 환전은 수수료가 오프라인보다 싸고 다양한 이벤트도 많이 한다. 은행 홈페이지에서 외화를 구입한 뒤, 원하는 지점에서 돈을 수령하면 된다. 또 공동 구매처럼 여러 명이 모여 좀 더 높은 환율 우대를 받는 방법도 있다.

화폐 단위는 여러 가지로 준비한다.

환전을 할 때 너무 큰 단위로만 환전하지 않는다. 외국의 작은 가게 등에서는 고액권을 사용할 수 없는 경우가 있기 때문에 고액권과 소액권을 적절히 섞어서 환전한다. 또 외화 동전은 기준 환율의 70% 수준에서 살 수 있다. 다만 무게가 있고 휴대가 불편하므로 사용할 만큼만 교환하고 여행에 돌아와서 동전을 다시 환전할 때는 50% 가격밖에 쳐주지 않으므로 돌아오기 전에 모두 사용하고 돌아온다.

여행자 수표 활용

현금 분실이 걱정이라면 여행자 수표를 준비한다. 수표는 발급 후 한 군데에만 사인을 모두 해 놓고 사용 시 나머지 한 군데에 사인을 해서 본인임을 증명한다. 또 수표에 있는 일련번호를 모두 적어두어 분실 시 재발급과 환급에 대비한다. 단점은 작은 업소에서는 사용하기 힘들기 때문에 고액은 여행자 수표를 소액은 현금을 준비하는 것이 좋다.

국제현금카드를 준비한다.

국제현금카드의 장점은 해외에서도 국내 예금을 현지화폐로 찾아 쓸 수 있다는 것과 환전의 번거로움이 없다는 것이다. 시중 은행에서 신청하면 되고 분실 시 해외에서 재발급이 불가능하므로 미리 2장 만드는 것도 좋은 방법이다. 출국 전 비밀번호 4자리를 미리 확인하고 계좌 잔액도 확인한다.

신용카드

- **현지통화 기준으로 결제한다**

원화결제 시 현지통화 결제 보다 환전 수수료가 1회 더 부과된다. 대부분 현지통화기준으로 결제가 이루어지지만 홍콩을 비롯한 동남아시아 등지에선 관광객들에게 원화 기준으로 결제할 것을 권유하는 경우가 잦다.

- **출입국 정보 활용 서비스와 SMS 서비스는 기본으로 활용**

SMS를 신청하여 해외에서도 신용카드 결제 내역을 휴대폰으로 바로 확인하고 출입국 정보 활용 서비스를 통해 신용카드의 부정사용을 사전에 막아준다.

- **신용카드사 신고 센터 전화번호를 반드시 메모 한다.**

신용카드 분실, 도난당한 후에 즉시 카드사에 신고하고 귀국 즉시 서면으로 분실신고를 한다.

- **카드가 분실, 도난, 훼손당한 경우에는 긴급 대체카드 서비스를 이용한다.**

신용카드를 사용할 계획으로 현금을 조금만 환전 했는데 신용카드를 분실 했다면 당황하지 말고 긴급 대체카드 서비스를 이용하면 2일 내 새 카드를 발급 받을 수 있다. 단, 임시 카드이므로 귀국 후 반납하고 정상 카드를 다시 발급받는다.

- **카드유효기간과 결제일을 확인한다.**

아무 생각 없이 카드를 챙겨갔다가 카드 유효기간이 만료되어 사용하지 못하는 상황이 일어나지 않도록 미리 확인한다.

- **국제 브랜드 로고를 확인한다.**

해외에서 사용 가능한 카드인지 미리 확인 해 둔다.

- **여권과 카드상의 영문 이름이 일치하는지 확인한다.**

여권상의 영문이름과 신용카드 상의 영문이름이 다를 경우 카드

결제를 거부하는 경우가 있으니 여권과 카드상의 영문이름이 일치하지 않을 경우 재발급 받는다.

국제운전면허증

도로교통에 관한 국제협약에 의거하여 일시적으로 해외에서 운전할 수 있도록 발급되는 운전면허증으로 가까운 경찰서에서 신청하면 된다. 유효기간은 교부받은 날로부터 1년이며 국내운전면허의 효력이 없어지거나 취소된 때에는 그 효력도 없어지거나 취소된다.

국제학생증

ISIC는 유네스코 인증 세계 유일의 International Student Identity Card로 세계 공통 디자인의 국제학생증으로 현재 만 12세 이상의 학생에게 발급된다. 항공권, 숙박, 교통보험 등 폭넓은 혜택이 있다.

유스호스텔 회원증

유스호스텔은 국제유스호스텔연맹에 가입된 숙박 업체로 국제적으로 통용될 뿐 아니라 박물관, 공원, 미술관, 철도 등에서 할인혜택을 누릴 수 있다. 저렴한 숙박비와 편리한 예약으로 알뜰한 배낭여행을 즐길 수 있다.

꼭 챙겨야 할 여행 준비물

여권과 현금

여권과 항공권 · 현금 · 신용 카드 · 필기도구와 각종 서류는 빠뜨리지 않고 챙겨 작은 가방 등에 넣어 몸에 지닐 수 있게 한다. 별도로 수첩을 마련해 여권과 항공권의 사본, 여행자수표의 구입 일시와 번호, 신용 카드번호 등과 현지여행사, 항공사, 한국대사관 등의 전화번호를 적어 두면 좋다.

멀티어댑터

유럽의 콘센트 모양은 국가마다 차이가 있어서 플러그 모양을 콘센트 모양에 맞춰줘야 하는데 이때 쓰는 것이 멀티어댑터이다. 전압과는 관계없고 오로지 플러그 모양만 바꿔주는 것으로 디지털카메라와 노트북 등은 110V~240V까지 소화해내기 때문에 걱정 없다.

용기 라면과 밑반찬

라면은 내용물만 따로 모아 지퍼백에 담고 용기는 차곡차곡 포개 한꺼번에 포장하면 더 많은 공간을 확보할 수 있다. 서양 음식이 부담스럽다면 고추장 튜브를 준비해 가거나 약간의 밑반찬을 비닐팩에 넣어서 가져간다.

모자와 슬리퍼(샌들)

모자는 자외선 차단 기능 외에도 보슬비 정도는 커버되므로 우산보다 편하다. 슬리퍼나 샌들은 숙소에서도 편하게 신을 수 있기 때문에 여름이 아니어도 챙겨간다.

헌 신발과 헌 속옷

낡아서 버릴 계획의 헌 신발과 헌 속옷은 여행이 끝날 때 모두 버리고 돌아온다. 짐도 가벼워지므로 그 자리를 쇼핑물품으로 채울 수 있어서 좋다. 여성의 경우 속옷을 쌀 때 브래지어 안에 팬티나 양말 등을 넣어 공 모양으로 만들어 가면 캡이 눌리지 않는다.

슈트

여행 스케줄에 디너쇼나 레스토랑에서의 식사가 있다면 남자는 슈트 차림을 해야 하고 여자는 우아한 치마를 준비해야 하므로 슈트를 가져 갈 상황이라면 신문지 위에 슈트를 올려놓고 김밥처럼 말아 끈으로 고정해 가고 도착 후 욕조에 뜨거운 물을 받아 그 위에 슈트를 걸어 놓  으면 주름이 펴진다. 옷도 접는 것보다 말아가는 것이 부피도 줄고 어느 정도 구김도 방지할 수 있다. 또한 지퍼백을 활용하면 압축과 밀폐기능이 있어 짐의 크기도 줄고 세탁물과 나눠 담으면 깔끔하다.

세면도구와 화장품

치약과 칫솔은 숙소에 없는 경우가 많으므로 꼭 챙기고 가볍고 빨리 마르는 스포츠 타월도 요긴하게 쓰이므로 두장 정도 준비해 가는 것이 좋다. 화장품은 구입시 가게에서 챙겨주는 샘플을 잘 모아 두었다가 가져가면 부피를 많이 차지 하지 않아서 좋다. 또한 태양이 뜨겁지 않아도 자외선 차단제는 넉넉히 준비해 가는 것이 좋다.

그 밖의 준비물

우비 - 비가 갑자기 올때를 대비해 우산보다는 부피가 작은 우비를 준비하는 것이 좋다.

비닐봉투 - 젖은 옷은 따로 담아서 가방에 보관하면 다른 옷도 깨끗이 보관할 수 있다.

손목시계 - 손목시계를 가져가면 스케줄대로 움직일때 유용하다.

필기도구 - 여행 중에 인상적인 것을 기록하면 오래오래 추억을 간직할 수 있다.

세제 - 호텔내에서 간단하게 속옷이나 양말 등을 빨아서 다음날 신을 수 있으므로 약간의 세제를 챙겨간다.

MP3나 책 - 장기간 기차를 타거나 버스로 이동하는 경우 음악을 들을 수 있으며 간단히 읽을 책을 준비해 가면 지루하지 않고 긴 여행에 새로운 기분전환이 될 것이다.

면세점 이용하기

국내 면세점에서는 1인당 미화 $3,000까지 구매가능하고 한국으로 가지고 오는 경우 1인당 미화 $600까지 허용되는데 이를 초과하는 경우 세관 신고 후 세금을 납부해야 한다. 외국 친지에게 선물을 하거나 사용 또는 소비하는 것이 아니라면 1인당 $600로 보면 된다.

공항 면세점
국내 공항 면세점은 외국 공항 면세점보다 규모도 크고 품목도 다양할 뿐 아니라 국내 브랜드도 입점해 있다. 면세점은 출국 시에만 이용할 수 있고 도착 후에는 이용할 수 없으니 주의한다.

시내 면세점
시내의 호텔과 백화점에 있는 면세점에서도 구매할 수 있는데 출국일 30일 전부터 구매가능하다. 본인의 여권을 가지고 출국일자와 비행기 편명을 숙지하고 방문하면 되고 구매한 물품은 출국일에 지정된 인도장에서 수령해야 한다. 시내 면세점은 시간을 가지고 여유롭게 쇼핑할 수 있고 공항 면세점보다 물품이 다양하다.

나라별 초간단 기본회화

한국	안녕하세요	감사합니다
영어	헬로	땡큐
일본	곤니치와	도모 아리가또
중국	니하오	쎄쎄
프랑스	살루 / 봉주르	메르씨
이탈리아	챠오	그라찌
독일	구튼탁	당케
스페인	올라	그라시아스
러시아	쁘라쓰찌쩨	블라가다류 바쓰
포르투칼어	오이	오브리가도 / 오브리가다
태국	(여) 사와 디카 (남) 사와 디크랍	(여) 콥 쿤카 (남) 콥 쿤 크럽
말레이시아	셀라맛 다탄	케리마 카시
베트남	신쟈오	감웅
터키	머하바 셀람	테섹키르 이데림
인도네시아	할로	마카시 야
아랍	마르하반	슈크란
몽골	새-응 배-노	탈라르훌라

죄송합니다	얼마에요?	안녕히 가세요
아임 쏘리	하우 머치 이즈 잇	굿바이
고멘 나사이	이쿠라데스까	사요나라
뚜이부치	둬싸오	짜이젠
즈수이 데졸레	꼼비엥	오호부와
미 디스피아체	콴또	아리베데르치
엔트슐디군지비테	비에 비엘	아우프 비더젠-
파르돈	꾸안또	아디오스
이즈비니쩨	스꼴리꺼 에떠 스또잇	즈드라-스뜨 부이쩨
데스쿨파	꾸안또	아데우스
코토드카	(여) 타오 라이 카 (남) 타오 라이 크럽	(여) 싸왓디 카 (남) 싸왓디 크랍
무나이 마 크로	베라파	슬라맛잘란
신 로이	바오 니에이오	땀 비엣
외주에 디레이림	네 카다르	궐레 궐레
마아프	베라파	슬라맛 잘란
아-씨프	비캄 하다	마앗쌀라마
오-칠라-래	인 야마르 운태-웨	샌 소치배가래

미국 America

수도 : 워싱턴
면적 : 9,826,675㎢
종교 : 개신교 52%, 로마카톨릭 24%
종족 : 백인 80%, 흑인 12.8%, 아시아계

치안상태
미국은 연방, 주(州), 시 별로 사법질서가 정착된 나라지만 총기 소유가 합법화되어 있어 총기 사건이 빈번해 치안 상황에 대해 미리 숙지할 필요가 있다.

문화차이
대화할 때는 상대방의 눈을 똑바로 쳐다보며 대화하는 것이 예의이다. 대화내용 중 특정종교나 소수민족, 인종, 성별과 관계된 차별성 또는 동물 비하 발언은 매우 민감한 사안으로 받아들여지므로 비록 농담이라도 절대 금물이며 초면에 나이나 가족사항 등 개인적인 질문을 하는 것은 유의해야 한다.

여행정보
미국에서의 모든 서비스 이용에는 팁을 지불해야 한다. 일반적인 식당인 경우 총 음식값의 15%~20%가 적당하며 택시와 호텔 이용 시 가방 개수에 따라 팁을(가방 1개당 1불) 지불 한다. 한국과의 시차는 14시간이며 서머타임 기간인 3월 두 번째 일요일부터 11월 첫 번째 일요일 사이에는 13시간 차이가 난다. 전기는 110V를 사용하며 plug adapter를 사용하면 한국제품도 사용가능하다.

캐나다 Canada

수도 : 오타와
언어 : 영어, 프랑스어
종교 : 로마카톨릭교 42.6%, 개신교 23.3%
종족 : 영국계 28%, 불란서계 23%, 독일계 3.4%

치안상태
오타와는 행정수도로서 보수적인 도시이며, 도시 외곽의 일부 지역을 제외하고 야간에 거리를 다녀도 문제가 없을 정도로 치안이 안정적인 편이다. 밴쿠버의 치안상태는 미국 대도시와 비교할 때 범죄율이 상대적으로 낮은 편이나 관광지나 식당에서 소매치기에 주의한다.

문화차이
'다문화주의'는 캐나다 사회를 잘 나타내주는 말이다. 인종과 언어·종교에 관계없이 모든 시민들이 평등하다는 개방적인 사회건설을 추진하고 있고 미국과 비슷한 문화를 가지고 있다.

여행정보
국토가 광범위하여 지역마다 기후가 다르다. 오타와 지역의 경우 사계절이 있는 대륙성 기후를 나타내고 있으며 기상 변화가 다소 큰 편으로 여름에도 30℃를 넘는 날이 많지 않으며, 겨울에는 눈이 많이 오는 편이다. 토론토 지역은 온대기후 지역으로 겨울을 제외한 봄, 여름 및 가을은 서울과 비슷하고 겨울이 10월말부터 4월초까지 계속된다.

싱가포르
Singapore

수도 : 싱가포르
언어 : 영어, 중국어, 말레이어
기후 : 열대성기후
종교 : 불교 42.5%, 이슬람교 14.9%, 도교 8.5%

치안상태
싱가포르는 여타 국가보다는 강력한 법체계를 유지하고 있으며 사회제반제도 및 국민의식이 비교적 선진화되어 치안상태는 상당히 양호한 편이다.

문화차이
관습의 전시장이라고 부를 만큼 법률과 규정이 매우 많고 공무원들도 매우 엄격하게 법을 집행한다. 공공장소에서는 금연이 의무화되어 법률로 제정되어 있으며 쓰레기를 함부로 버리거나 무단 횡단을 했을 경우 엄격한 처벌을 받는다.

여행정보
싱가포르는 3개월 무비자 협정이 체결되어 있으나 입국시에는 통상 30일간의 체류비자를 부여한다. 세계적인 규모의 호텔들이 많지만 그에 비해 저렴한 모텔이나 유스호스텔의 수는 적은 편이다. 싱가포르 지하철은 동서, 남북행의 2개 노선으로 구분되며 주의할 점은 역사 내에서 담배를 피거나 음식을 먹을 수 없다는 점이다. 버스는 노선이 잘 갖춰져 있고, 가격도 저렴하여 매우 편리하지만 차체에 노선 번호가 없고, 정류장에 대한 안내방송을 해주지 않으므로 버스 가이드 책자를 구입해야 한다. 택시는 미터제가 확립되어 있고, 한국과 비교해 요금도 저렴한 편이므로 이용할 만하다.

영국 England

수도 : 런던(London, 756만 명)
면적 : 약 24.482만㎢(한반도의 1.1배, 프랑스의 절반)
종교 : 기독교 71.8%, 이슬람교 2.8%

치안상태
영국 경찰에 의한 범인 체포 및 소지품 회수는 거의 불가능하므로, 여행 전에 도난 사건을 보장해 주는 여행자보험에 가입해 둔다. 여권 사본 및 항공권 사본, 사진 2매 등을 준비해 두고, 현금은 적당한 양만 준비하고 여행자 수표 등을 준비하여 필요시 환전하여 사용한다.

문화차이
호텔이나 식당 등에서 보통 요금의 10~15%를 팁으로 지불하나 계산서에 봉사료가 포함되어 있는 지 불분명할 때에는 종업원에게 확인하는 것이 좋다. 또한 호텔 포터에게는 1파운드 정도가 적당하며 택시 이용 시에는 1파운드 이하 거스름돈을 주면 무방하다. 영국에서는 연극과 오페라, 연주회 등이 많이 열리는데 오페라나 발레, 연주회 등에는 반드시 정장을 해야 하고 그 밖의 공연은 남성의 경우 넥타이만 착용한다.

여행정보
대중교통이 발달되어 있으나, 우리나라에 비해 대중교통 요금이 매우 비싼 편이다. 차량은 좌측통행이며 운전석이 우편에 위치하여, 한국의 교통 체계와 반대이므로 주의를 요한다. 이러한 점을 인식하지 못한 여행자들이 길을 건너다 교통사고를 당한 사례가 있으므로, 항상 도로 양쪽의 교통 흐름을 체크한 후 길을 건너도록 한다.

프랑스 France

수도 : 파리(Paris)
언어 : 프랑스어
종교 : 가톨릭 83~88%, 개신교 2%, 이슬람교 5~10%

치안상태

프랑스도 다른 서유럽국가와 마찬가지로 테러 안전지역은 아니지만 치안은 유럽 내에서 안정적이라는 평가를 받고 있다. 그러나 관광지나 파리 외곽지역, 유흥가, 지하철 역 등에서는 조심해야 하며 프랑스는 개인주의 문화가 발달된 국가이므로 제3자에게 특별한 서비스를 베풀거나 과잉으로 호감을 보이는 사람들은 주의하는 것이 좋다.

문화차이

프랑스의 음식 문화는 매우 엄격한 것으로 알려져 있다. 식사 중 자연스러운 대화는 이어지지만 식기가 부딪치는 소리와 음식 먹는 소리를 내면 안 되고 트림도 조심해야 한다. 식사가 모두 끝날 때가지 양손이 식탁위에 올라와 있어야 하고 음식은 무조건 남기지 않는다.

여행정보

프랑스의 기후는 연중 온난한 편이며, 여름에는 건조하고 선선하며, 겨울에는 비가 자주 올 뿐 심한 추위는 없는 날씨이다. 관광국답게 숙박시설이 매우 잘 되어 있고 호텔은 5등급으로 나뉘며 일반적으로 별 2개나 3개짜리 호텔이 무난하다. 두 사람이 한 방을 쓸 경우 호스텔보다 오히려 싸게 이용할 수도 있다.

이탈리아 Italy

수도 : 로마
언어 : 이탈리아어
종교 : 로마 가톨릭 90%

치안상태
국제 테러 단체에 의한 테러 발생 가능성을 전혀 배제할 수는 없는 상황이지만 외국인에 대한 강력범죄 피해는 거의 없고 소매치기 및 절도 등의 단순범죄는 빈번하게 발생하는 편이다. 특히 나폴리 지역은 치안상황이 매우 좋지 않아 한국인 여행객 피해가 다수 발생하고 있으니 관광명소 이외 이동은 피한다.

문화차이
이탈리아는 르네상스 시대를 거치는 동안 세계에서 가장 풍부한 문화유산을 가진 나라로, 표현의 자유와 검열 금지가 법적으로 보장되어 있어, 일간신문이 80여 가지나 되는 등 세계에서 가장 많은 방송국과 정기간행물을 갖은 나라로 외부에서 보이는 자유분방함, 다양성과 다르게 내적으로는 강한 보수성을 가지고 있다. 관공서, 은행, 레스토랑, 상점 등에서 일처리가 한국에 비해 매우 느리므로 인내심을 가지고 기다리는 자세가 필요하다.

여행정보
로마 국립박물관(Museo Nazionale Romano) : 로마에서 가장 방대한 고고학 박물관으로 로마인들의 삶을 유추할 수 있는 집과 동전, 조각 등을 미술품과 함께 감상할 수 있다.
디오클레치아노 욕장 국립 박물관, 마시모 궁전 국립 박물관, 알템프스 궁전 국립 박물관, 발비의 묘소 국립 박물관 등 4개의 박물관으로 구분되어 있다.

태국 Thailand

수도 : 방콕
언어 : 타이어
종교 : 불교 94.6%, 이슬람교 4.6%
민족 : 타이족 85%, 화교 12%, 말레이족 2%
기후 : 고온다습한 열대성 기후이며 3계절
　　　(3~5월 고온, 6~10월 우기, 11~2월 비교적 저온)

치안상태
태국은 치안이 좋은 편이지만 관광객은 타겟이 될 수 있으니 특히 조심한다. 방콕을 비롯한 파타야, 푸켓 등 주요 관광지에서 소매치기, 오토바이 날치기 등이 빈번히 발생하고 있으며 공항이나 여행지에서 범죄에 악용될 수 있으니 낯선 사람의 부탁으로 휴대품을 운반하지 않는다.

문화차이
태국은 독실한 불교국가로 자존심을 손상시키는 언동은 삼가한다. 왼손은 부정한 손으로 생각하기 때문에 물건을 건넬 때 왼손을 사용하지 않고 특히 아이들의 머리를 쓰다듬으면 안 되며 여성은 승려의 몸에 닿지 않도록 특별히 주의해야 한다. 태국인들의 왕실에 대한 존경심은 절대적이기 때문에 사진을 손가락질 하거나 훼손하면 안된다.

여행정보
태국의 버스는 VIP버스와 에어컨버스, 일반 완행버스 등 여러 종류가 있으나 언어 소통의 문제로 이용이 불편하므로 택시나 영어 방송이 나오는 지하철, 지상철 등을 이용한다. 태국의 음식은 '맵고, 짜고, 시고, 달다' 이런 자극적인 맛들이 모여 조화를 이루는게 특징으로 다양한 향신료를 사용하여 독특한 향과 맛이 난다. 주식은 쌀이고 물은 반드시 생수를 구입해서 먹어야 한다.

독일 Germany

수도 : 베를린
언어 : 독일어
종교 : 개신교 34%, 가톨릭 34%, 이슬람교 3.7%

치안상태
독일의 치안은 매우 양호한 수준이다. 관광객을 대상으로 하는 소매치기는 어느 나라든 존재하므로 관광객은 기본적으로 소지품에 주의한다. 독일은 일찌감치 값싼 외국인 노동자들을 받아들여 외국인의 비율이 높아 인종차별은 심하지 않지만 소수의 극우주의자는 있으니 조심한다. 독일인은 합리와 이성을 목숨처럼 소중하게 여기는 민족으로 미국처럼 총기소유를 허가하는 국가임에도 총기난사 같은 사고는 거의 없고 공권력이 강해 범죄율도 낮지만 밤에는 되도록 외출을 삼간다.

문화차이
세계적으로 높은 수준의 문화와 예술을 유지하고 있는 것이 독일 문화의 특색, 화려한 쇼프로 보다는 스포츠 중계와 보도 프로 비중이 크며 실용성을 중시한다. 독일 사람을 특징지을 때 근면성과 검소함을 꼽는데 오늘날 독일의 밑거름이 되었다. 식당에서는 큰소리로 떠들지 말아야 하며, 식사할 경우 소리 내어 음식을 먹거나 테이블에 팔꿈치를 올리는 것은 예의에 어긋나는 행동이므로 주의한다.

여행정보
하이델베르크(Heidelberg) : 짙은 녹색의 숲을 배경으로 고풍스러운 옛성들의 모습이 인상적이며 하이델베르크성은 고딕, 바로크, 르네상스 등의 다양한 양식이 복합되어 있으며 성에서 내려다보는 네카어강과 카를 테오도어 다리는 아름다움의 진수를 느끼게 한다.

basics
conversation
기본회화

일상적인 인사 표현

안녕하세요. (오전)
Good morning.
굿 모닝

안녕하세요. (오후)
Good afternoon.
굿 앱터눈

안녕하세요. (저녁)
Good evening.
굿 이브닝

안녕하세요?
How are you this morning?
하우 알 유 디쓰 모닝?

잘 지내셨습니까?
How are you?
하-아 유?

잘 지냅니다. 당신은요?
Fine thank you. And you?
퐈인 탱큐. 앤유?

음... , 그저 그래요.
Well, about the same.
웰, 어바웃 더 쎄임

오랜만입니다.
Long time no see.
롱 타임 노 씨

오늘 재미가 어떠세요?
How is your day going?
하우 이쥬어 데이 고잉?

좋아요.
Good, thanks.
굿, 쌩스

다시 만나서 반갑습니다.
It's good to see you again.
잇츠 굿 투 씨 유 어게인

보고 싶었어요.
I've missed you.
아이브 미스 듀

떠나려고 하니 아쉽습니다.
I'm sorry that I have to go.
아임 쏘리 댓 아이 해브 투 고

안녕히 계십시오(가십시오).
Good-bye.
굿바이

다음에 또 봅시다.
I'll be seeing you!
아일 비 씽 유!

한국에서 다시 만납시다.
See you in Korea.
씨 유 인 코리어

수고하세요.
Don't work too hard.
돈ㅌ 워크 투 하드

처음 만났을때 표현

이름이 뭡니까?
What's your name?
왓츠 유어 네임?

홍길동입니다.
My name is Kil-dong Hong.
마이 네임 이즈 길동 홍

성함을 알 수 있을까요?
Could I have your name, please?
쿠다이 해뷰어 네임, 플리즈?

이름을 좀 알려 주시겠습니까?
May I have your name, please?
메아이 해뷰어 네임, 플리즈?

별명이 있나요?
Do you have a nickname?
두 유 해버 닉네임?

어떻게 불러야 하나요?
What do they call you?
왓 두 데이 콜 유?

피터 씨. (남자를 지칭할 때)
Mr. Peter.
미스터 피터

피터 씨 부인. (결혼한 타인의 부인을 지칭할 때)
Mrs. Peter.
미시즈 피터

저, 여보세요. (모르는 남자를 부를 때)
Sir? / Excuse me, sir.
써-? / 익스큐즈 미, 써-

저, 여보세요. (모르는 여자를 부를 때)
Ma'am? / Excuse me ma'am.
맴? / 익스큐즈 미 맴

이봐!
Hey!
헤이!

소개할때 표현

제 소개를 하겠습니다.
Let me introduce myself.
렛 미 인트러듀스 마이셀프

그를 소개해 주십시오.
Please introduce him.
플리즈 인트러듀스 힘

처음 뵙겠습니다.
Nice to meet you.
나이스트 밋츄

성함이 어떻게 되십니까?
May I have your name, please?
메-아이 해뷰어 네임, 플리즈?

미스터 김입니다.
I'm Mr. Kim.
아임 미스터 킴

저야말로 반갑습니다.
Same here.
세임 히어

미스터 김씨, 이분이 미스터 존슨입니다.
Mr. Kim, this is Mr. Johnson.
미스터 킴, 디씨즈 미스터 존슨

어디서 오셨습니까?
Where are you from?
웨어라 유 프럼?

저는 한국인입니다.
I am Korean.
아이엠 코리언

무슨 일을 하십니까?
What do you do?
왓 두 유 두?

저는 여행 중입니다.
I'm on a tour.
아임 온어 투어

일반적인 질문의 표현

질문을 하나 해도 될까요?
May I ask you a question?
메- 아이 애스큐어 퀘스천?

영어로 이건 뭐라고 하죠?
What's this called in English?
왓츠 디스 콜딘 잉글리쉬?

이건 무엇에 쓰는 것입니까?
What's this for?
왓츠 디스 풔?

지금 무엇을 하고 있습니까?
What are you doing now?
왓아유 두잉 나우?

저건 뭡니까?
What's that?
왓츠 댓?

무얼 찾고 있습니까?
What are you looking for?
왓아유 룩킹 풔?

무슨 일을 하십니까?
What do you do(for a living)?
왓 두 유 두 (풔러 리빙)?

전화번호는 몇 번입니까?
What's your phone number?
왓츄어 폰 넘버?

저 빌딩은 무엇입니까?
What's that building?
왓츠 댓 빌딩?

어느 쪽입니까?
Which way?
위치 웨이?

몇 개입니까?
How many?
하우 메니?

장소·정도를 물어볼때 표현

여기는 어디입니까?
Where are we?
웨어라 위?

면세점은 어디에 있습니까?
Where's the duty-free shop?
웨어즈 더 듀티-프리 샵?

입구는 어디입니까?
Where's the entrance?
웨어즈 더 엔트런스?

그건 어디서 살 수 있습니까?
Where can I buy it?
웨어 캔아이 바이 잇?

버스정류소는 어디입니까?
Where's the bus stop?
웨어즈 더 버쓰탑?

저는 이 지도의 어디에 있습니까?
Where am I on this map?
웨어앰아이 온 디스 맵?

어디에서 얻을 수 있습니까?
Where can I get it?
웨어 캔아이 게릿?

어디에서?
Where from?
웨어 프럼?

입장료는 얼마입니까?
How much is it to get in?
하우 머취즈 잇 투 겟틴?

공항까지 얼마입니까?
How much is it to the airport?
하우 머취즈 잇 투 더 에어폿?

이 넥타이는 얼마입니까?
How much is this tie?
하우 머치즈 디스 타이?

가격이 얼마입니까?
How much does it cost?
하우 머치 더짓 코스트?

박물관까지 얼마나 됩니까?
How far is it to the museum?
하우 퐈 이짓 투 더 뮤지엄?

역까지 얼마나 걸립니까?
How long does it take to the station?
하우 롱 더짓 테익 투 더 스테이션?

자리는 몇 개 비어 있습니까?
How many seats are available?
하우 메니 싯츠 아 어베일러블?

몇 살입니까?
How old are you?
하우 올드 아 유?

얼마에요?
How much is it?
하우 머취 이짓?

유·무를 물어볼때 표현

2인석은 있습니까?
Do you have a table for two?
두 유 해버 테이블 풔 투?

오늘 밤, 빈방은 있습니까?
Do you have a room for tonight?
두 유 해버 룸 풔 투나잇?

좀더 큰 것은 있습니까?
Do you have a larger one?
두 유 해버 라줘 원?

흰색 티셔츠는 있습니까?
Do you have any shirt in white?
두 유 해브 애니 셔츠 인 화잇?

관광지도는 있습니까?
Do you have a sightseeing map?
두 유 해버 싸잇씽 맵?

야간관광은 있나요?
Do you have a night tour?
두 유 해버 나잇 투어?

공중전화는 어디 있나요?
Where is the public telephone?
웨어 이즈더 퍼블릭 탤레콤?

단체할인은 있습니까?
Do you have a group discount?
두 유 해버 그룹 디스카운?

비상구는 어디에 있습니까?
Where's the fire exit?
웨어즈 더 퐈이어 이그짓?

금연석이 있습니까?
Do you have a non smoking section?
두 유 해버 논스모킹 섹션?

이 자리에 사람이 있나요?
Is anyone sitting here?
이즈 애니원 씻팅 히어?

질문에 대한 대답 표현

예. / 아니오.
Yes. / No.
예스 / 노

예, 그렇습니다.
Yes, it is.
예스, 잇이즈

아니오, 그렇지 않습니다.
No, it isn't.
노, 잇 이즌ㅌ

아니오, 괜찮습니다.
No, thank you.
노, 땡큐

맞습니다.
That's right.
댓츠 롸잇

알았습니다.
I understand.
아이 언더스탠

모르겠습니다.
I don't know.
아이 돈ㅌ 노우

틀림없습니다.
That's correct.
댓츠 커렉트

물론이죠.
Of course.
어브 커스

그것으로 충분해요.
That's enough.
댓츠 이넢

문제없어요.
No problem.
노 프라블럼

되물음의 표현

뭐라고 하셨습니까?
What did you say?
왓 디쥬 쎄이?

다시 한번 말씀해 주시겠습니까?
Could you say that again?
쿠쥬 쎄이 댓 어겐?

좀 더 천천히 말씀해 주십시오.
Please speak more slowly.
플리즈 스픽 모어 슬로리

뭐라고요?
What?
왓?

그건 무슨 뜻입니까?
What does it mean(by that)?
왓 더짓 민 (바이 댓)?

하려는 말이 뭐죠?
What do you have in mind?
왓 두 유 해빈 마인드?

제가 말하는 것을 이해하시겠습니까?
Do you understand me?
두 유 언더스탠 미?

써 주십시오.
Write it down, please.
라이릿 다운, 플리즈

간단히 설명해 주세요.
Please explain briefly.
플리즈 익스플레인 브리플리

그게 확실한가요?
Are you sure about that?
아 유 슈어 어바웃 댓?

그게 그런가요?
Is that so?
이즈 댓 쏘?

부탁과 양해의 표현

부탁 하나 해도 될까요?
Can I ask you a favor?
캔나이 애스큐어 페이버?

꼭 부탁드릴 게 하나 있습니다.
I have a big favor to ask you.
아이 해버 빅 풰이버 투 애스큐

좀 도와주시겠어요?
Could you lend me a hand?
쿠쥬 랜드 미 어 핸드?

맥주를 주시겠어요?
Can I have a beer?
캔아이 해버 비어?

잠시 시간 좀 내 주시겠어요?
May I interrupt you for a second?
메-아이 인터럽트 유 풔러 세컨드?

여기에 앉아도 됩니까?
May I sit here?
메아이 씻 히어?

안으로 들어가도 되겠습니까?
May I come in?
메아이 커민?

여기서 담배를 피워도 됩니까?
May I smoke here?
메아이 스목 히어?

창문을 열어도 되겠습니까?
May I open the window?
메아이 오픈 더 윈도우?

잠깐 여쭤도 될까요?
May I ask you something?
메아이 애스큐 썸씽?

방을 봐도 되겠습니까?
Can I see the room?
캔아이 씨 더 룸?

카드로 지불해도 됩니까?
Can I pay in credit card?
캔 아이 페이 인 크레딧 카드?

담배를 피워도 괜찮겠습니까?
Do you mind if I smoke?
두 유 마인 이퐈이 스목?

옆에 앉아도 될까요?
May I sit next to you?
메아이 씻 넥슷 투 유?

확인 좀 해 주세요.
Please make sure.
플리즈 메이 슈어

혼자 있게 해 주세요.
Please leave me alone.
플리즈 리브 미 어론

기회를 주세요.
Give me a break.
기브 미 어 브레익

고마움에 관한 표현

고마워요.
Thanks.
땡스

대단히 감사합니다.
Thank you very much.
땡큐 베리 머취

진심으로 감사드립니다.
I heartily thank you.
아이 하틸리 땡큐

감사드립니다.
I appreciate it.
아이 어프리쉬에이릿

친절에 감사드립니다.
Thank you for your kindness.
땡큐 풔 유어 카인니스

모든일에 감사드립니다.
Thank you for everything.
땡큐 풔 에브리씽

도와 주셔서 감사드립니다.
Thank you for your help.
땡큐 풔 유어 핼프

초대해 주셔서 감사합니다.
Thank you for inviting me.
땡큐 풔 인바이팅 미

방문해 주셔서 감사합니다.
Thank you for visiting.
탱큐 풔 비지팅

신세가 많았습니다.
You were a big help.
유 워러 빅 헬프

당신에게 큰 신세를 졌네요.
I owe you big time.
아이 오 유 빅 타임

미안함에 관한 표현

정말로 죄송합니다.
I'm really sorry.
아임 리얼리 쏘리

천만에요.
You're welcome.
유어 웰컴

늦어서 미안합니다.
I'm sorry I'm late.
아임 쏘리 아임 래잇

대단히 죄송합니다.
I'm very sorry.
아임 베리 쏘리

당신에게 사과드립니다.
I apologize to you.
아이 어팔러좌이즈 투 유

제가 잘못했습니다.
It's my fault.
잇츠 마이 퐐트

용서하십시오.
Please forgive me.
플리즈 풔깁 미

제 사과를 받아주세요.
My sincere apologies.
마이 씬시어 어팔러좌이즈

일부러 그런건 아니에요.
I didn't mean it.
아이 디튼트 민 잇

걱정하지 마십시오.
Don't worry about it.
돈ㅌ 워리 어바우릿

신경 쓰지 마십시오.
No problem.
노 프라블럼

찬성과 반대에 관한 표현

저도 그렇게 생각합니다.
I think so, too.
아이 씽크 쏘, 투

그것에 찬성합니다.
I'm in favor of it.
아임 인 풰버롭핏

저는 괜찮습니다.
I don't mind.
아이 돈ㅌ 마인드

그것에 반대합니다.
I'm against it.
아임 어겐스팃

당신이 틀린것 같아요.
I'm afraid you're wrong.
아임 어프레이드 유어ㄹ 렁

PART 01
Departure
출입국

 단어를 바꿔가면서 말해요~ change the word

❶ 콜라는 있습니까?

Do you have coke?

두 유 해브 코욱?

coke 대신 쓸 수 있는 단어
• beer 맥주 • orange juice 오렌지 주스 • vodka 보드카 • wine 와인

❷ 베게를 주세요.

May I have a pillow, please.

메아이 해버 필로우, 플리즈

pillow 대신 쓸 수 있는 단어
• newspaper 신문 • headset 헤드폰 • pen 볼펜 • magazine 잡지 • medicine 약

❸ 쇠고기로 주세요.

Beef, please.

비프, 플리즈

beef 대신 쓸 수 있는 단어
• chicken 닭고기 • pork 돼지고기 • rice 밥 • red pepper paste 고추장 • kimchi 김치

❹ 이 공항에 안내소가 어디에 있습니까?

Where is information center in this airport?

웨어리즈 인포메이션 쎈터 인 디스 에어포트?

> **information center 대신 쓸 수 있는 단어**
> - waiting room 대합실
> - VIP room 귀빈실
> - inspection post 검역소
> - duty-free shop 면세점
> - schedule board 발착일람표
> - immigration office 출입국관리소

❺ 1달러짜리로 주세요.

I'd like 1 dollar.

아이드 라이크 원 달러

> **1 dollar 대신 쓸 수 있는 단어**
> - buck 달러의 속어
> - cent 센트
> - penny 1센트짜리 동전
> - nickel 5센트짜리 동전
> - dime 10센트짜리 동전
> - quarter 25센트짜리 동전

❻ 지하철역까지 어떻게 가면 됩니까?

How can I get to the subway station?

하우 캔 아이 겟 투더 서브웨이 스테이션?

> **subway station 대신 쓸 수 있는 단어**
> - bus stop 버스 정거장
> - taxi stand 택시 정거장
> - train station 기차역
> - airport 공항

unit 1
설레는 기내에서

탑승권 좀 보여주시겠습니까?

May I see your boarding card, please?
메이 아이 씨 유어 보딩 카드, 플리즈?

여기 있습니다.

Here you go.
히얼 유 고우

(탑승권을 보이며) 12B 좌석은 어디입니까?

Where is seat 12(twelve) B?
웨어리즈 씻 트웰브 비?

저기 창가 쪽 좌석입니다.

It's over there by the window.
잇츠 오버 대얼 바이 더 윈도우

안전벨트를 어떻게 매는지 알려주시겠어요?

Could you show me how to fasten seat belt?

쿠쥬 쇼우 미 하우 투 패슨 씻 벨트?

이쪽으로 당기세요

Pull it this way.

풀 잇 디스 웨이

(옆 사람에게) 자리를 바꿔 주시겠습니까?

Could I change seats?

쿠다이 체인쥐 씻츠?

여기는 제 자리인데요.

I think this is my seat.

아이 씽크 디씨즈 마이 씻

붙어있는 빈 좌석 없을까요?

Do you have any empty seat together?

두 유 해브 애니 엠티 씻 투게더?

제 친구랑 좌석이 떨어져 있어서요

My friend's and my seat are not together.

마이 프렌즈 앤 마이 씻 아 낫 투게더

저기 빈자리로 옮겨도 되겠습니까?

Could I move to an empty seat over there?

쿠다이 무브 투 언 엠티 씻 오버 데어?

잠깐 지나가도 될까요?

May I go through?

메아이 고 쓰루?

음료는 뭘로 드시겠습니까?

What would you like to drink?

왓 우쥬 라익 투 드링?

어떤 음료가 있습니까?

What kind of drinks do you have?

왓 카인업 드링스 두 유 해브?

콜라는 있습니까?

Do you have some coke?

두 유 해브 썸 코욱?

맥주를 주시겠습니까?

Can I have a beer?

캔아이 해버 비어?

베개와 모포를 주세요.

May I have a pillow and a blanket, please.

메아이 해버 필로우 앤더 브랭킷, 플리즈

한국어 신문은 있습니까?

Do you have any Korean newspapers?

두 유 해브 애니 코리언 뉴스페이퍼즈?

식사는 언제 나옵니까?

What time do you serve the meal?

왓 타임 두 유 써브 더 밀?

출입국 | 호텔 | 레스토랑 | 교통 | 관광 | 쇼핑 | 통신 | 위급상황 | 귀국

닭고기로 하시겠습니까, 쇠고기로 하시겠습니까?

Would you like chicken or beef?

우쥬유 라이크 치킨 오어 비프?

쇠고기로 주세요.

Beef, please.

비프, 플리즈

식사는 필요 없습니다.

I don't feel like eating dinner.

아이 돈ㅌ 필 라잌 이링 디너

기내에서 면세품을 판매합니까?

Do you sell tax-free goods on the flight?

두 유 셀 텍스-프리 굿스 온 더 플라잇?

(면세품 사진을 가리키며) 이것은 있습니까?

Do you have this?

두 유 해브 디스?

한국 돈은 받습니까?

Do you accept Korean Won?

두 유 억셉 코리언 원?

몸이 좀 불편합니다. 약을 주시겠어요?

**I feel a little sick.
Can I have some medicine?**

아이 필 어 리를 씩. 캔아이 해브 썸 메더씬?

비행기 멀미약은 있습니까?

**Do you have a medicine
for air-sickness?**

두 유 해버 메더씬 풔 에어-씩니스?

제 의자 좀 눕혀도 될까요?

May I recline my seat?

메이 아이 리클라인 마이 씻?

의자 좀 앞으로 세워 주시겠습니까?

**Would you mind putting your
seat upright?**

우쥬 마인드 푸링 유어 씻 엎롸이트?

비행은 예정대로입니까?

Is this flight on schedule?

이즈 디스 플라잇 온 스케쥴?

출입국 | 호텔 | 레스토랑 | 교통 | 관광 | 쇼핑 | 통신 | 위급상황 | 귀국

unit 2
침착한 입국심사

여권 심사대가 어디입니까?
Where is the passport control?
웨어리즈 더 패스포트 컨츄롤?

이것은 입국카드입니까?
Is this the immigration form?
이즈 디스 더 이미그레이션 폼?

입국 신고서 한 장 주실래요?
Can I get a landing form?
캔 아이 게러 랜딩 폼?

이 용지를 기재해 주세요.
Please fill in this form.
플리즈 필인 디스 폼

이 서류 작성법을 가르쳐 주시겠어요?

Could you tell me how to fill in this form?

쿠주 텔 미 하우 투 필 인 디스 폼?

여기엔 뭘 써야하죠?

What should I write here?

왓 슈드 아이 롸잇 히얼?

입국 신고서 한 장 더 주실래요?

May I have another entry card?

메이 아이 해브 어나더 엔츄리 카드?

제가 좀 잘못 썼네요

I've made some mistake.

아이브 메이드 섬 미스테이크

탑승수속은 어디서 하면 됩니까?

Where do I check in?

웨어 두 아이 첵킨?

탑승은 몇 시부터입니까?

When do we board?

웬 두 위 보드?

출입국 | 호텔 | 레스토랑 | 교통 | 관광 | 쇼핑 | 통신 | 위급상황 | 귀국

환승 카운터는 어디입니까?
Where's the transfer counter?
웨어즈 더 트랜스풔 카운터?

환승까지 시간은 어느 정도 있습니까?
How long is the layover?
하우 롱 이즈 더 레이오버?

환승 시간에 늦지 않을까 걱정입니다.
I'm anxious about my connecting flight.
아임 앵셔스 어바웃 마이 커넥팅 플라잇

여권 좀 보여주시겠어요?
May I see your passport, please?
메이 아이 씨 유어 패스포트 플리즈?

어디서 오셨습니까?
Where are you from?
웨어라 유 프롬?

한국에서 왔습니다.
I'm from Korea
아임 프롬 코리아

입국 목적은 무엇입니까?

What's the purpose of your visit?

왓츠 더 퍼퍼스 업 유어 비짓?

관광(사업, 공부)입니다.

Sightseeing(Business/Studying).

싸잇씽(비즈니스/스터딩)

얼마나 체재하십니까?

How long are you staying?

하우 롱 아 유 스테잉?

1주일 체재합니다.

I'm staying for a week.

아임 스테잉 풔러 윅

어디에 머무십니까?

Where are you staying?

웨어라유 스테잉?

(호텔은) 단체여행이라서 모릅니다.

I'm not sure, because I'm a member of group tour.

아임 낫 슈어, 비커즈 아이머 멤버럽 그룹 투어

○○호텔에 머뭅니다.
I'll stay at the ○○ Hotel.
아윌 스테이 앳 더 ○○호텔

(호텔은) 아직 정하지 않았습니다.
I don't know which one.
아이 돈ㅌ 노우 위치 원

돌아가는 항공권은 가지고 계십니까?
Do you have a return ticket?
두 유 해버 리턴 티킷?

네, 가지고 있습니다.
Yes, it's right here.
예스, 잇츠 롸잇 히어

단체여행입니까?
Are you a member of group tour?
알 유어 멤버럽 그룹 투어?

현금은 얼마나 가지고 있습니까?
How much cash do you have with you?
하우 머치 캐쉬 두 유 해브 위듀?

800달러 정도입니다.

I have about $800 (eight hundred dollars).

아이 해브 어바웃 에잇 헌드러드 달러즈

최종 목적지는 어디입니까?

What's your final destination?

왓츄어 파이널 데스터네이션?

이 나라는 처음입니까?

Is this your first visit(here)?

이즈 디스 유어 풔슷 비짓(히어)?

네, 처음입니다.

Yes, it is.

예스, 잇이즈

됐습니다.

Good. Have a nice stay.

굿. 해버 나이스 스테이

즐거운 여행 보내세요.

Enjoy your trip.

인죠이 유어 트립

출입국 | 호텔 | 레스토랑 | 교통 | 관광 | 쇼핑 | 통신 | 위급상황 | 귀국

73

unit 3
수화물·환전 세관검사

짐은 어디서 찾습니까?

Where can I get my baggage?

웨어 캔아이 겟 마이 배기쥐?

당신 짐은 3번 컨베이어에 있습니다.

Your baggage is on carousel #3.

유어 배기쥐 이즈 온 캐러셀 쓰리

714편 짐은 나왔습니까?

Has baggage from flight 714.

해즈 배기쥐 프럼 플라잇 세븐 원 풔

제 짐이 보이지 않습니다.

I can't find my baggage.

아이 캔트 파인 마이 배기쥐

제 짐을 잃어버린 것 같아요.

I think I lost my baggage.

아이 씽크 아이 로스트 마이 배기쥐

수화물표 좀 보여주시겠어요?

Can I see your baggage claim ticket.

캔 아이 씨 유어 배기쥐 클레임 티켓?

이게 수화물 인환증입니다.

Here is my claim tag.

히어리즈 마이 클레임 태그

잠시만 기다려 주시겠어요?

Would you mind waiting for a minute?

우쥬유 마인드 웨이링 포러 미닛?

물론이죠

Oh, not at all.

오우 낫엣올

신고할 것은 있습니까?

Do you have anything to declare?

두 유 해브 애니씽 투 디클레어?

출입국 | 호텔 | 레스토랑 | 교통 | 관광 | 쇼핑 | 통신 | 위급상황 | 귀국

세관신고서는 가지고 계십니까?

Do you have your customs declaration form?

두 유 해뷰어 커스텀즈 데클러레이션 폼?

내용물은 무엇입니까?

What's in it?

왓츠 이닛?

일상 용품뿐입니다.

I only have personal belongings.

아이 온리 해브 퍼스널 빌렁잉스

이 가방을 열어 주십시오.

Please open this bag.

플리즈 오픈 디스 백

이건 뭡니까?

What's this?

왓츠 디스?

친구에게 줄 선물입니다.

Gifts for my friends.

깁츠 풔 마이 프렌즈

이것은 모두 개인 휴대품입니다.

All these are for my personal use.

올 디이즈 아 포 마이 퍼스널 유즈

다른 짐은 있나요?

Do you have any other baggage?

두 유 해브 애니 아더 배기쥐?

짐은 이것뿐입니까?

Is this all you have?

이즈 디스 올 유 해브?

이 카메라는 세금을 물어야 합니까?

Do I have to pay tax on this camera?

두 아이 해브투 페이 택스 온 디스 캐머러?

이건 과세 대상이 됩니다.

You have to pay duty on it.

유 해브 투 페이 듀티 오닛

과세액은 얼마입니까?

How much is the duty?

하우 머치즈 더 듀티?

출입국 | 호텔 | 레스토랑 | 교통 | 관광 | 쇼핑 | 통신 | 위급상황 | 귀국

환전소가 어디에 있습니까?

Where is the currency exchange office?
웨어 이즈 더 커런시 익스체인쥐 오피스?

이걸 환전해 주시겠어요?

Could you please exchange this?
쿠쥬 플리즈 익스체인쥐 디스?

오늘의 환율은 얼마입니까?

What is the exchange rate today?
왓츠 더 익스체인쥐 렛 투데이?

여행자수표를 현금으로 바꿔 주세요.

Please cash these traveler's checks.
플리즈 캐쉬 디즈 트레벌스 첵스

잔돈도 섞어 주세요.

I'd like some small change.
아이드 라익 썸 스몰 체인쥐

계산이 틀린 것 같은데요.

I think the amount is incorrect.
아이 씽 디 어마운티즈 인컬렉

수수료는 얼마입니까?

How much is your commission?
하우 머치즈 유어 커미션?

영수증을 주시겠습니까?

May I have a receipt?
메아이 해버 리싯?

unit 4
공항에서 호텔까지

관광안내소는 어디에 있습니까?

Where is the tourist information center?
웨어리즈 더 투어리슛 인풔메이션 센터?

여기서 호텔을 예약할 수 있습니까?

Can I reserve a hotel here?
캔아이 리저버 호텔 히어?

일주일동안 있을 호텔을 예약하고 싶은데요.

I'd like to book a hotel for a week there.
아이드 라잌 투 북어 호텔 풔러 윜 데어

호텔 리스트는 있습니까?

Do you have a hotel list?
두 유 해버 호텔 리슷?

시내 호텔을 예약해 주시겠어요?

Could you reserve a hotel in the city?

쿠쥬 리저버 호텔 인 더 씨티?

역에서 가까운 호텔을 부탁합니다.

I'd like a hotel close to the station.

아이드 라이커 호텔 클로우즈 투 더 스테이션

값싼 호텔 하나를 추천해 줄 수 있습니까?

Can you recommend a cheap hotel?

캔유 레커멘드 어 칩 호텔?

일박에 얼마입니까?

How much is the rate per night?

하우 머취 이즈 더 레잇 퍼 나잇?

그 호텔은 어디에 있습니까?

Where's the hotel?

웨어즈 더 호텔?

출입국 | 호텔 | 레스토랑 | 교통 | 관광 | 쇼핑 | 통신 | 위급상황 | 귀국

YMCA 호텔로 좀 안내 해 주시겠습니까?

Would you please take me to the YMCA hotel?

우쥬 플리즈 테잌미 투 더 와이엠씨에이 호텔?

YMCA 호텔을 어떻게 가는지 좀 가르쳐주시겠습니까?

Can you tell me how to get YMCA Hotel?

캔유 텔미 하우투 겟 와이엠씨에이 호텔?

YMCA호텔 가는 버스가 어디 있습니까?

Where can I get a bus to the YMCA Hotel?

웨어 캔 아이 게러 버스 투더 와이엠씨에이 호텔?

시가지도와 관광 팸플릿을 주시겠어요?

Can I have a city map and tourist brochure?

캔아이 해버 씨티 맵 앤 투어리숫 브로슈어?

매표소는 어디에 있습니까?

Where is the ticket office?

웨어리즈 더 티킷 오퓌스?

약도를 좀 그려 주시겠습니까?

Could you draw me a map?

쿠쥬 드로우 미 어 맵?

여기서 렌터카를 예약할 수 있습니까?

Can I reserve a rental car here?

캔아이 리저버 렌탈 카 히어?

택시 승강장은 어디입니까?

Where is the taxi stand?

웨어리즈 더 택시 스탠드?

(주소를 보여주며)이곳으로 가 주세요.

Take me to this address, please.

테익 미 투 디스 어드레스, 플리즈

도착하면 알려 주시겠어요?

Could you tell me when we get there?

쿠쥬 텔 미 웬 위 겟 데어?

출국시 꼭 알아두어야 할 에티켓

출국하기 전
- 출발일 일주일 전에는 항공사나 여행사, 호텔 등에 예약 재확인을 하고, 여행을 하고자 하는 나라의 날씨, 주의사항, 문화 등 간단한 정보를 익힌다.
- 환전은 시내 은행이나 공항에서도 가능하며, 환전할 때는 여권이 꼭 필요하다.

출국하는 날
- 보통 국제선은 출발시간 2시간 전, 국내선은 1시간 전부터 출국수속을 시작한다. 주말에는 항상 공항이 붐비므로 수속이 더뎌지게 마련이므로 미리 서둘러 공항에 가는 게 좋다.
- 비행기 좌석배정은 보딩패스(비행기 티켓을 좌석권으로 바꾸는 것)할 때 정해지므로 일찍 할수록 원하는 자리에 앉을 수 있다.

공항에서
- 짐이 많은 사람들은 내용물이 손상되지 않게 잘 포장한 다음 보딩패스를 할 때 짐을 부치고, 반드시 TAG(짐을 부칠 때 항공사에 주는 꼬리표, 보통 항공편명, 출발지, 도착지, 시간이 적혀 있음)를 받고 가방에도 이름표를 꼭 달아놓는다.
- 휴대한 귀중품은 세관을 통과할 때 꼭 신고하여 입국시 문제가 발생하여 좋은 추억을 망치는 일이 없도록 해야 한다. 기내에는 간단한 휴대용 가방만 갖고 들어갈 수 있다.

기내에서 지켜야할 에티켓

좌석에서

● 기내에서 간편한 옷차림을 하거나 슬리퍼를 신는 것은 괜찮지만 내의 바람이나 양말을 벗는 행위는 곤란하다. 발이 피곤하면 신발을 벗는 것은 가능하나 벗은 채 기내를 돌아다니거나 신발 벗은 발이 타인에게 보이도록 자세를 취하는 것은 실례가 되므로 조심해야 한다.

● 승무원을 부를 때는 승무원 호출버튼을 누르거나 통로를 지날 때 가볍게 손짓하거나 눈이 마주칠 때 살짝 부른다. 우리 식으로 손을 흔들어 부르는 것은 예의에 어긋난다.

● 좌석의 등받이를 뒤로 제칠 때는 지나치게 제치면 안 된다. 식사가 시작되면 제쳐놓은 등받이를 반드시 원위치로 해 놓는다. 베게와 모포는 보통 머리 위의 선반에 비치되어 있다.

식사를 할때

● 식사서비스가 시작되면 일단 자기자리로 가서 좌석의 등받이를 일으켜 세우고 식사용 간이 테이블을 펴놓고 기다린다.

● 식사나 음료서비스를 받을 때는 "Thanks" 라고 감사 표시를 하는 것이 좋은 매너이다. 식사가 끝나면 반드시 식사 테이

블을 원위치로 올려놓아야 한다. 기내에서 술을 마시면 지상에서 술을 마시는 것보다 빨리 취한다. 따라서 기내에서의 과음은 피하는 것이 좋다.

화장실에서

● 남녀공용이므로 화장실에 들어가면 반드시 안에서 걸어 잠궈야 한다. 그래야 밖에 '사용중(Occupied)'이라는 표시가 나타난다. 잠그지 않을 경우 '비어있음(Vacant)'이라는 표시가 되어 다른 승객이 문을 열게 된다.

● 사용 후에는 반드시 세척(Toilet Flush)이라 표시된 버튼을 누르고, 그래도 더러울 때는 화장지로 닦아준다.

● 세면대는 될 수 있는 대로 짧게 사용하고 사용 후에는 타월로 물기를 닦아 깨끗하게 해주는 것이 상식이다. 사용한 타월은 반드시 '쓰레기함(Towel Disposal)'에 넣어야 한다. 또한 세면대에 비치된 스킨토닉(Skin Tonic)이나 애프터 세이브(After Shave)는 사용 후 가지런히 정돈한다.

● 안전벨트 착용 사인이 켜져 있는 동안은 화장실 사용은 원칙적으로 금지되어 있다. 화장실에 있는 동안 이 사인이 켜지면 될수록 빨리 나와 제자리로 돌아가서 좌석벨트를 매야 한다.

● 기내에서 내릴 때는 승무원들에게 "Thank you" 또는 "Good Bye" 하고 인사하여 긴 비행동안의 수고를 격려해준다.

입국심사 순서 Tip

입국심사 Immigration
비행기에서 내린 후 Immigration(이미그레이션) 또는 Passport Control(패스포트 컨트롤)이라는 사인이 붙어 있는 창구로 간다. 입국심사대중 외국인(Foreigner, 포리너)에 줄을 서서 기다리는데 입국 카드(disembarkation card, 디셈바케이션 카드), 여권, 세관 신고서 등 제출할 서류를 미리 챙겨 두고 차례가 되면 입국심사관에게 제시한다. 심사관은 체류 일수와 방문 목적, 체류지 등을 간단히 질문하고 입국 날짜 스탬프 위에 최대 체류일자를 적어준다. 이때 출국 카드를 여권에 첨부하여 주는데 출국 때까지 잃어버리지 않도록 주의한다.

수하물 찾기 Baggage
입국심사를 마치고 Baggage Claim(배기쥐 클레임)으로 가면 전광판에 비행편과 컨베이어 벨트 번호가 써 있다. 이때 여행 가방이 비슷할 경우 바뀔 염려가 있으니 자신의 가방임을 확인 할 수 있는 표시를 해 두는 것이 좋다. 수하물이 나오지 않거나 파손된 경우에는 수하물 보관증(Claim Tag, 클레임 태그)과 항공권을 가지고 해당 항공사 창구로 가서 직원에게 문의한다. 짐을 돌려받지 못한 경우에 일반적으로 짐의 내용물과 상관없이 kg당 보상금이 책정되기 때문에 수하물에 귀중품은 넣지 않는다.

세관심사 Customs
여권과 세관 신고서(Customs Declaration Form, 커스텀즈 디클러레이션 폼)를 직원에게 건네준다. 이곳에서 주로 질문하는 것은 신고할 것이 있는가와 식료품이나 동식물을 가지고 있는가이다. 일반 관광객의 경우 녹색 줄로 가라고 지시하기 때문에 검사 없이 그대로 통과할 수 있다. 신고할 것이 있는 경우 빨간 줄

U.S Department of Justice
Immigration and Naturalization Service

OMB 1115-007

Admission Number

633318997 09

I-94 본 서식 작성 요령

미국시민권자, 영주권 소유 외국인, 이민비자 소지자, 캐나다 시민권자를 제외한 모든 방문객은 이 양식을 기입해 주십시오.
타자 또는 컴자로 읽기쉽게 전부 대문자로 쓰십시오. 영어로 사용 하십시오. 이 양식의 뒷면은 쓰지 마십시오.
이 양식은 어쩌요 나누어져 있습니다. 도착기록(항목 1부터 13까지)과 출발기록 (항목14부터 17까지)양쪽을 전부 기입해 주십시오.
이 항목을 다 기입하신후 이 양식을 미국 이민국 검사관에게 제출 하십시오.
　　수로로 미국에 입항하면, LAND라고 이 공란에 기입하십시오. 선박편으로 미국에 입항할 때는 SEA라고 이 공란에 기입하십시오.

Form I-94(05-09-90)N

Admission Number

633318997 09

Immigration and
Naturalization Service   **470SAE-DONG KANGSEO-GU, SEOUL**

I-94
Arrival Record (도착기록)

1 성(姓)		
Y,U,N,		
2 이름		3 생일(일/월/년)
H,E,E,-,C,H,O,N,G,		0,9,0,9,7,5,
4 국적		5 성별(남,여)
K,O,R,E,A,		F,E,M,A,L,E,
6 여권번호		7 항공사 및 항공편명
A,C,1,2,3,4,5,6,7,		J,K,3,3,2,
8 현재주재국	9 탑승한 장소(도시명)	
K,O,R,E,A,	I,N,C,H,E,O,N,	
10 비자를 발행한 장소(명)		11 발행일자(일/월/년)
S,E,O,U,L,		1,5,2,0,0,8,
12 미국내 체류기간 중 주소(번지 · 거리)		
N,E,W, ,Y,O,R,K,		
13 시 및 주		
L,O,S, ,A,N,G,E,L,E,S,		

Departure Number

633318997 09

Immigration and
Naturalization Service
I-94
Departure Record (출발기록)

14 성(姓)	
Y,U,N,	
15 이름	16 생일(일/월/년)
H,E,E,-,C,H,O,N,G,	0,9,0,9,7,5,
17 국적	
K,O,R,E,A,	

쪽으로 가서 화물 검사를 받게 된다. 만일 과세 대상이 있으면 세관 신고서에 상세히 기입하고 제출한 신고서를 보고 세액을 계산하여 납부한다. 만일 과세 대상이 있는데도 신고를 하지 않았다가 발견되면 압류를 당하거나 벌금을 물게 되므로 주의한다.

입국신고서 작성하는 방법 Tip

❶ 성
❷ 이름
❸ 생년월일(일, 월, 년도 순서로 적는다)
❹ 현재 거주 국가
❺ 남자는 Male, 여자는 Female
❻ 여권번호
❼ 비행기 번호(예를 들어 유나이티드 860이면 UA860)
❽ 거주 국가
❾ 어디에서 비행기를 탔는가(도시이름, 인천이면 Incheon)
❿ 비자를 발급받은 도시(서울대사관이면 Seoul)
⓫ 비자를 발급받은 날짜
⓬ 미국에 거주할 곳 주소만
⓭ 미국에 거주할 곳 도시, 주
   (예 : 294 S.oxford, los angeles, CA 90005라면, 294 S.oxford는 12번에 Los angeles, CA 90005는 13번에 적는다.)
⓮ 성
⓯ 이름
⓰ 생년월일
⓱ 거주국가

DEPARTMENT OF THE TREASURY
UNITED STATES CUSTOMS SERVICE

세관신고서
19 CFR 122.27, 148.12, 148.13, 148.110, 148.111, 1498; 31 CFR 5316

서식승인
OMB 번호 1515-0041

입국하는 모든 여행자 또는 책임 있는 가족은 다음의 정보를 제공해야 한다 (가족당 한 장의 신고서만 작성하여야함):

1. 성 **YUN**
   이름 **HEE CHONG** 중간이름
2. 생년월일 일 **18** 월 **08** 년 **74**
3. 여행에 동반하는 가족의 수 **2명**
4. (a) 미국 내 주소 (호텔 이름/목적지)
   SHERATON
   (b) 도시 **LOS ANGELES**   (c) 주 **CALIFONIA**
5. 여권 발행국가 **KOREA**
6. 여권번호 **JC123456**
7. 거주 국가 **KOREA**
8. 이번 여행 중 미국 도착 전에 방문한 국가들
9. 항공사/항공권 번호 또는 선박명칭 **KE 051**
10. 이번 여행의 일차적 목적은 사업임: 예 ☐ 아니오 ✓
11. 본인(우리)은 다음의 것을 휴대하고 있음
    (a) 과일, 식물, 식품, 곤충: 예 ☐ 아니오 ✓
    (b) 육류, 동물, 동물/야생생물 제품: 예 ☐ 아니오 ✓
    (c) 병원체, 세포 배양물, 달팽이: 예 ☐ 아니오 ✓
    (d) 흙 또는 농장/목장/목초지를 다녀왔음: 예 ☐ 아니오 ✓
12. 본인(우리)은 가축과 가까이 지냈음
    (만지거나 다루는 등): 예 ☐ 아니오 ✓
13. 본인(우리)은 미화 1만 달러 이상 또는 그에 상당한
    외화금액의 통화 또는 금전적 수단을 소지하고 있음: 예 ☐ 아니오 ✓
    (뒷면의 금전적 수단의 정의를 참조 바람)
14. 본인(우리)은 상업용 물품: 예 ☐ 아니오 ✓
    (판매할 상품, 주문을 청하기 위해 사용하는 견본, 또는
    개인용품으로 간주되지 않는 물건들)을 가지고 있음
15. 거주자 — 본인(우리)이 해외에서 구입 또는 취득하여, 미국으로 가지고
    오는 상업용 물품을 포함한 **모든 재화** (다른 사람에게 줄 선물은 포함하되,
    미국으로 우송한 물건은 제외함)의 **총가액**은 미화: $

    방문자 — 상업용 물품을 포함하여 미국에 남아 있을 모든 물건의 총가액은
    미화: $ **100**

이 서식의 뒷면에 적힌 지시사항을 읽어보십시오. 귀하가 신고해야만 하는 모든
품목을 기재할 지면이 제공되어 있습니다.

본인은 이 서식의 이면에 적혀 있는 중요한 정보를 읽었으며 사실 그대로 신고
를 하였음.

X 홍길동   **10/03/03**
(서명)   작성일자 (일/월/년)

공적인 용도에 국한함

세관신고서 작성하는 방법 Tip

영문, 대문자로 빠짐없이 작성하며, 'Yes', 'No'로 대답하는 문항에서는 ∨표 한다.

① 이름
② 생년월일
③ 가족 여행일 경우 동반 가족 수
④ 미국내 체류지 주소
⑤ 여권 발행 국가
⑥ 여권 번호
⑦ 국적
⑧ 미국 도착 전 경유 국가
⑨ 항공 편명
⑩ 상업적 목적의 방문입니까?
⑪ 과일·식물·고기·식품·토양 등과 같은 물건을 소지했습니까?
⑫ 가축을 만지거나 돌본 사실이 있습니까?
⑬ US $10,000이상을 소지하고 있습니까?
⑭ 개인적 용도가 아닌 상업적 목적으로 지닌 상품과 견본을 소지하고 있습니까?
⑮ 소지하고 있는 물품의 금액

POINT WORDS

window seat	윈도우 싯	창가쪽 자리
aisle seat	아일 싯	통로쪽자리
I'd like to~	아이드 라일 투	~하고 싶다
cell phone	셀 폰	휴대전화
question	퀘스천	질문
seatbelt	싯벨트	안전밸트
arrive	어롸이브	도착
mistake	미스테잌	문제, 실수
local time	로컬타임	현지시간
kind of~	카인드 오프	~종류의
airline food	에어라인 푸드	기내식
fish	피쉬	생선
chicken	치킨	닭고기
skip	스킵	건너뛰다
magazines	매거진스	잡지

POINT WORDS

newspapers	뉴스페이퍼	신문
duty-free goods	듀티-프리 굿스	면세품 상품
postcard	포스트 카드	엽서
send	샌드	보내다
borrow	바로우	빌리다
stomach-ache	스토막-에익	복통
blanket	브랭킷	담요
eye bandage	아이 밴디쥐	안대
air-sickness	에어-씩니스	(비행기)멀미
medicine	메더씬	약
passport	패스폿	여권
visa	비자	비자
destination	데스터네이션	목적지
exchange	익스체인쥐	환전
commission	커미션	수수료

PART 02
Hotel
호텔

❶ 더블룸으로 부탁합니다.

Double room, please.

더블 룸, 플리즈

double 대신 쓸 수 있는 단어

- single room 1인방, 침대 수 1개
- twin room 2인방, 침대수 2개
- triple room 3인방, 침대 수 3개
- one single with a bath 욕조가 있는 1인용 방
- suite 거실, 응접실 등이 갖춰진 특실

❷ 얼음 좀 가져다 주세요.

Please bring me some ice.

플리즈 브링 미 썸 아이스

ice 대신 쓸 수 있는 단어

- water 물
- soap 비누
- brush 빗
- towel 수건
- shampoo 샴푸
- bedding 이불

❸ 세탁(영국) 서비스는 있습니까?

Do you have valet service?

두 유 해브 밸릿 서비스?

valet 대신 쓸 수 있는 단어

- laundry 세탁
- massage 마사지
- morning call 모닝콜
- valet 주차(미국)

❹ 키를 잃어 버렸습니다.

I lost my key.

아이 로스트 마이 키

key 대신 쓸 수 있는 단어
- cell phone 휴대폰
- wallet 지갑
- bag 가방
- passport 여권
- ticket 비행기 표
- souvenir 기념품

❺ 수도꼭지가 망가졌습니다.

The faucet is broken.

더 파싯 이즈 브로큰

faucet 대신 쓸 수 있는 단어
- air con 에어콘
- television 텔레비전
- lock 잠금장치
- fridge 냉장고
- dryer 드라이기
- light 등

❻ 6시에 모닝콜을 해 주세요.

Please call me up at six o'clock.

플리즈 콜 미 업 엩 식스 어클락

call 대신 쓸 수 있는 단어
- Please **ring** me up at six o'clock.
- Please **give** me a **call** at six o'clock.
- Please **give** me a **ring** at six o'clock.

  6시에 모닝콜을 해주세요.

unit 1
호텔 예약과 체크인

도와드릴까요?
May I help you?
메아이 핼프유?

여기서 호텔 예약할 수 있습니까?
Can I make a reservation here?
캔아이 메이커 레저베이션 히어?

그 호텔은 어디에 있습니까?
Where is the hotel located?
웨어리즈 더 호텔 로우케이리드?

오늘 밤 빈 방 있습니까?
Do you have any vacancies tonight?
두 유 해버니 베이컨시즈 투나잇?

예약은 하셨습니까?

Did you have a reservation?

디쥬 해버 레저베이션?

예약했습니다.

I have a reservation.

아이 해버 레저베이션

다시 한번 확인해 주시겠어요?

Would you check again?

우쥬 첵 어게인?

예약해 둔 것을 확인 좀 해주세요.

Please check my reservation.

플리즈 첵 마이 레저베이션

예약을 취소하지 마세요.

Please don't cancel my reservation.

플리즈 돈ㅌ 캔쓸 마이 레저베이션

예약은 한국에서 했습니다.

I made one from Korea.

아이 메이드 원 프럼 코리어

출입국 | 호텔 | 레스토랑 | 교통 | 관광 | 쇼핑 | 통신 | 위급상황 | 귀국

확인서는 여기 있습니다.

Here is my confirmation slip.
히어리즈 마이 컨퓨메이션 슬립

아직 예약을 하지 않았습니다.

I haven't made a reservation.
아이 해븐ㅌ 메이더 레저베이션

죄송하지만 빈 방이 없습니다.

I'm sorry, there's no vacancy.
아임쏘리, 데어라 노 베컨시

다른 호텔을 찾으시겠습니까?

Would you refer me to another hotel?
우쥬 리풔 미 투 어나더 호텔?

숙박요금은 얼마입니까?

How much is the room charge?
하우 머치즈 더 룸 챠지?

1박에 얼마입니까?

How much for one night?
하우 머치 풔 원 나잇?

너무 비싼데, 좀 더 싼 방이 없습니까?

It is too expensive. Don't you have any cheaper room?

잇츠 투 익스펜시브. 돈츄 해브 애니 취퍼 룸?

독방 하나 있습니까?

Do you have a single room?

두유 해버 싱글 룸?

이 작은방으로 하겠습니다.

I'll take this small room.

아일 테익 디스 스몰 룸

더블룸으로 부탁합니다.

A double room, please.

어 더블 룸, 플리즈

욕실이 있는 방으로 부탁합니다.

I'd like a room with a bath.

아이드 라이커 룸 위더 배쓰

조용한 방으로 부탁합니다.

I'd like a quiet room.

아이드 라이커 콰이엇 룸

출입국 | 호텔 | 레스토랑 | 교통 | 관광 | 쇼핑 | 통신 | 위급상황 | 귀국

전망이 좋은 방으로 부탁합니다.

I'd like a room with a nice view.

아이드 라이커 룸 위더 나이스 뷰

방을 보여 주시겠어요?

May I see the room?

메아이 씨 더 룸?

좀 더 좋은 방은 없습니까?

Do you have anything better?

두 유 해브 애니씽 배러?

좀 더 큰 방으로 바꿔 주시겠어요?

Could you give me a larger room?

쿠쥬 기브 미 어 라저 룸?

이 방으로 하겠습니다.

I'll take this room.

아일 테익 디스 룸

요금에 조식은 포함되어 있나요?

Does the room charge include breakfast?

더즈 더 룸 차지 인클루드 블렉풔슷?

식사도 됩니까?
Do you serve meals?
두유 서브 밀스?

몇 박을 하실 겁니까?
How long would you like to stay?
하우 롱 우쥬 라잌 투 스테이?

오늘 밤부터 2박 할 겁니다.
I'll stay two nights.
아윌 스테이 투 나잇츠

역까지 데리러 옵니까?
Could you pick me up at the station?
쿠쥬 픽 미 업 앳 더 스테이션?

공항까지 데리러 옵니까?
Could you pick me up at the airport?
쿠쥬 픽 미 업 앳 더 에어폿?

보증금이 필요한가요?
Do you need a deposit?
두 유 니더 디파짓?

출입국 | 호텔 | 레스토랑 | 교통 | 관광 | 쇼핑 | 통신 | 위급상황 | 귀국

애완동물과 함께 있을 수 있나요?
Are pets allowed?
아 펫츠 얼라우드?

성함을 말씀해 주시겠어요?
May I have your name?
메아이 해뷰어 네임?

숙박카드에 기입해 주십시오.
Please fill out the registration card.
플리즈 필 아웃 더 레지스트레이션 카드

숙박 쿠폰을 가지고 있습니다.
I have a travel agency coupon.
아이 해버 트레벌 에이전시 쿠펀

이게 방 열쇠입니다.
Here is your room key.
히어리즈 유어 룸 키

귀중품을 보관해 주시겠어요?
Can you keep my valuables?
캔유 킵 마이 뷀류어블즈?

벨보이가 방으로 안내 할 것입니다.

The bellboy will show you your room.

더 벨보이 윌 쇼우 유 유어 룸

짐을 방까지 옮겨 주겠어요?

Could you bring my baggage?

쿠쥬 브링 마이 배기쥐?

출입국 | 호텔 | 레스토랑 | 교통 | 관광 | 쇼핑 | 통신 | 위급상황 | 귀국

unit 2 룸서비스 이용하기

룸서비스를 부를 때는 어떻게 하나요?

How do I call room service?

하우 두 아이 콜 룸 서비스?

룸서비스를 부탁합니다.

Room service, please.

룸 써비스, 플리즈

여보세요, 룸서비스죠? 주문을 하고 싶은데요.

Hello, room service? I'd like to place an order.

헬로우 룸 서비스 아이드 라잌투 플레스 언 오우더

아침식사는 몇시에 들 수 있습니까?

What time can I have breakfast?

왓 타임 캔 아이 해브 브렉퍼스트?

내일 아침 8시에 아침을 먹고 싶은데요.

Breakfast at 8 a.m. tomorrow morning, please.

브렉풔슷 앳 에잇 에이엠 터머로우 모닝, 플리즈

샌드위치하고 청량음료 좀 가져다 주시겠어요?

Could you send up some sandwiches and soft drinks?

쿠쥬 샌드 엎 썸 샌드위치스 앤 소프트 드링크?

과일 샐러드 하나와 미국식 아침식사 1인분이 필요합니다.

I need one fruit salad and one American breakfast.

아이 니드 원 푸룻 샐러드 앤 원 어메리칸 브렉퍼스트

도와주시겠어요?

Can you give me a hand?

캔유 깁 미어 핸드?

따뜻한 마실 물이 필요한데요.

I'd like a pot of boiled water.

아이드 라이커 팟 업 보일드 워러

107

주문한 아침식사가 아직도 오지 않았습니다.

I'm still waiting for the breakfast I ordered.

아인 스틸 웨이팅 포 더 브렉퍼스트 아이 오더드

제일 빨리 배달이 되는게 뭐죠?

What can you deliver to my room fast?

왓 캔 유 딜리버 투 마이 룸 패스트?

내일 아침 9시에 아침식사를 가져다 주세요.

I'd like to order breakfast for tomorrow morning at 9 o'clock.

아이드 라잌투 오우더 브렉퍼스트 투마로우 모닝 엣 나인 어클락

토스트와 커피를 부탁합니다.

I'll have toast and coffee.

아윌 해브 토우스트 앤 커피

얼음과 물을 좀 가져다 주십시오.

Please bring me some ice and water.

플리즈 브링 미 썸 아이스 앤 워러

모닝콜을 부탁합니다.

I'd like a wake-up call, please.

아이드 라이커 웨이컵 콜, 플리즈

몇 시에 해 드릴까요?

What time?

왓 타임?

7시에 부탁합니다.

7 o'clock tomorrow morning.

세븐 어클락 터머로우 모닝

방 번호를 말씀하십시오.

Your room number, please.

유어 룸 넘버, 플리즈

여기는 1234호실입니다.

This is room 1234.

디씨즈 룸 트웰브 써티 풔

꼭 부탁합니다. 잊지 마세요.

Please don't forget.

플리즈 돈ㅌ 풔겟

출입국 | 호텔 | 레스토랑 | 교통 | 관광 | 쇼핑 | 통신 | 위급상황 | 귀국

한국으로 전화를 하고 싶은데요.
I'd like to make a phone call to Korea.
아이드 라잌 투 메이커 폰 콜 투 코리어

마사지를 부탁합니다.
I'd like a massage, please.
아이드 라이커 머사쥐, 플리즈

방 청소를 부탁합니다.
Please make up this room.
플리즈 메이컵 디쓰 룸

(노크하면) 누구십니까?
Who is it?
후 이짓?

잠시 기다리세요.
Just a moment, please.
저슷터 모먼, 플리즈

들어오세요.
Please, come in.
플리즈, 커민

이건 팁입니다.
Here's your tip.
히어즈 유어 팁

세탁 서비스는 있습니까?
Do you have valet service?
두 유 해브 붸잇 써비스?

어느 정도 시간이 걸립니까?
How long will it take?
하우 롱 윌릿 테익?

unit 3
호텔시설 이용하기

자판기는 있습니까?

Is there a vending machine?

이즈 데어러 벤딩 머신?

이 호텔에 테니스 코트는 있습니까?

Is there a tennis court at this hotel?

이즈 데어러 테니스 콧 앳 디스 호텔?

가라오케는 어디서 할 수 있나요?

Where can I sing karaoke?

웨어 캔아이 씽 캐러오키?

식당은 어디에 있습니까?

Where is the dining room?

웨어리즈 더 다이닝 룸?

식당은 몇 시까지 합니까?

How late is the dining room open?

하우 레이티즈 더 다이닝 룸 오픈?

식당 예약 좀 해 주시겠어요?

Would you make a reservation for a restaurant for me?

우쥬 메이커 레저베이션 풔러 레스터런 풔 미?

커피숍은 어디에 있습니까?

Where's the coffee shop?

웨어즈 더 커피 샵?

바는 언제까지 합니까?

How late is the bar room open?

하우 레이티즈 더 바 룸 오픈?

이메일을 체크하고 싶은데요.

I want to check my e-mail.

아이 원 투 첵 마이 이메일

팩스는 있습니까?

Do you have a fax machine?

두 유 해버 팩스 머신?

출입국 | 호텔 | 레스토랑 | 교통 | 관광 | 쇼핑 | 통신 | 위급상황 | 귀국

한국으로 팩스를 보내고 싶은데요.
I'd like to send a fax to Korea.
아이드 라익 투 샌더 팩스 투 코리아

세탁을 부탁합니다.
I'd like to drop off some laundry.
아이드 라익 투 드랍 옵 썸 론드리

이 와이셔츠를 다려 주세요.
I'd like these shirt pressed.
아이드 라익 디즈 셔츠 프레스트

언제 됩니까?
When will it be ready?
웬 윌릿 비 레디?

빨리 해 주시겠어요?
Could you do it as soon as possible, please.
쿠쥬 두 잇 애즈 순 애즈 파써블, 플리즈

세탁물이 아직 안 왔습니다.
I'm still waiting for my laundry.
아임 스틸 웨이링 포 마이 런더리

샴푸와 세트를 부탁합니다.

Shampoo and set, please.

샴푸 앤 셋, 플리즈

미용실은 있습니까?

Is there a beauty salon?

이즈 데어러 뷰티 설런?

오늘 오후에 예약할 수 있습니까?

Can I make an appointment for the afternoon?

캔아이 메이컨 어포인먼 풔 디 앱터눈?

(헤어스타일을) 어떻게 할까요?

How would you like your hair?

하우 우쥬 라이큐어 헤어?

커트와 샴푸만 해 주세요.

Haircut and shampoo, please.

헤어컷 앤 샴푸, 플리즈

커트와 면도를 부탁합니다.

Haircut and shave, please.

헤어컷 앤 쉐이브, 플리즈

출입국 | 호텔 | 레스토랑 | 교통 | 관광 | 쇼핑 | 통신 | 위급상황 | 귀국

조금만 깎아 주세요.
Just trim it, please.
저슷 트리밋, 플리즈

짧게 깎아 주세요.
Cut it short, please.
커릿 숏, 플리즈

옆을 조금 잘라 주세요.
A little more off the sides.
어 리를 모어 오프 더 사이즈

머리 스타일을 이렇게 해주실 수 있나요?
Could you style my hair just like this?
쿠쥬 스타일 마이 헤어 저스트 라잌 디스?

unit 4
호텔내 전화·우편

출입국 | **호텔** | 레스토랑 | 교통 | 관광 | 쇼핑 | 통신 | 위급상황 | 귀국

누구를 불러 드릴까요?
To whom are you calling?
투 훔 아 유 콜링?

당신의 이름과 호실을 말씀하십시오.
Your name and room number, please.
유어 네임 앤 룸 넘버, 플리즈

그대로 기다리십시오.
Hold on, please.
홀돈, 플리즈

전화를 끊고 기다려 주십시오.
Please hang up and wait.
플리즈 행업 앤 웨잇

자 말씀하십시오.

Go ahead, please.

고 어헤드, 플리즈

응답이 없습니다.

There's no answer.

데어즈 노 앤써

방에서 한국으로 전화할 수 있나요?

Can I make a call to Korea from my room?

캔아이 메이커 콜 투 코리아 프럼 마이 룸?

전화요금은 얼마입니까?

How much was the charge?

하우 머치 워즈 더 챠지?

우표는 어디서 살 수 있나요?

Where can I buy stamps?

웨어 캔아이 바이 스템스?

이 소포를 한국으로 보내고 싶은데요.

I'd like to send this parcel to Korea.

아이드 라잌 투 샌드 디스 파쓸 투 코리어

unit 5 호텔내 트러블

열쇠가 잠겨 방에 들어갈 수 없습니다.
I locked myself out.
아이 락트 마이셀프 아웃

열쇠를 방에 두고 나왔습니다.
I left the key in my room.
아이 랩트 더 키 인 마이 룸

마스터키를 부탁합니다.
The master key, please.
더 마스터 키, 플리즈

카드키는 어떻게 사용합니까?
How do I use the card key?
하우 두 아이 유즈 더 카드 키?

방 번호를 잊어버렸습니다.

I forgot my room number.

아이 풔갓 마이 룸 넘버

복도에 이상한 사람이 있습니다.

There is a strange person in the corridor.

데어리저 스트레인쥐 퍼슨 인 더 코리더

옆방이 무척 시끄럽습니다.

The next room is very noisy.

더 넥슷 룸 이즈 베리 노이지

다른 방으로 바꿔 주시겠어요?

Could you give me a different room.

쿠쥬 깁 미 어 디퍼런 룸?

화장실 물이 잘 흐르지 않습니다.

This toilet doesn't flush well.

디스 토일릿 더즌ㅌ 플러쉬 웰

수도꼭지가 고장났습니다.

The faucet is broken.

더 풔씻 이즈 브로큰

뜨거운 물이 나오지 않는데요.
There's no hot water.
데어즈 노 핫 워러

물이 뜨겁지 않습니다.
The water isn't hot enough.
더 워러 이즌ㅌ 핫 이넢

물이 샙니다.
The water is leaking.
디 워러 이즈 리킹

빨리 고쳐주세요.
Could you fix it now?
쿠쥬 픽싯 나우?

방 청소가 아직 안 되었습니다.
My room hasn't been cleaned yet.
마이 룸 해즌ㅌ 빈 클린드 옛

타월을 바꿔 주세요.
Can I get a new towel?
캔아이 게러 뉴 타월?

출입국 | 호텔 | 레스토랑 | 교통 | 관광 | 쇼핑 | 통신 | 위급상황 | 귀국

미니바(방 냉장고)가 비어 있습니다.

The mini-bar is empty.

더 미니-바 이즈 앰티

제가 부탁한 게 아직 안 왔습니다.

I still haven't got what I asked for.

아이 스틸 해븐ㅌ 갓 워라이 애스크트 풔

사람 좀 올려 보내 주시겠어요?

Can you send someone up?

캔유 샌드 썸원 업?

unit 6
호텔 체크아웃

체크아웃을 하고 싶은데요.

Check out, please.
첵카웃, 플리즈

체크아웃은 몇 시입니까?

When is check out time?
웨니즈 첵카웃 타임?

하룻밤 더 묵고 싶은데요.

I'd like to stay one more night.
아이드 라익 투 스테이 원 모어 나잇

오후까지 방을 쓸 수 있나요?

May I use the room till this afternoon?
메아이 유즈 더 룸 틸 디스 앱터눈?

출입국 | 호텔 | 레스토랑 | 교통 | 관광 | 쇼핑 | 통신 | 위급상황 | 귀국

하루 일찍 떠나고 싶은데요.

I'd like to leave one day earlier.

아이드 라잌 투 리브 원 데이 어얼리어

오전 10시에 택시를 불러 주세요.

Please call a taxi for me at 10 a.m.

플리즈 콜어 택시 풔 미 앳 텐 에이엠

맡긴 귀중품을 꺼내 주세요.

I want to take out my valuables in safe.

아이 원투 테잌 아웃 마이 벨류즈 인 세이프

출발할 때까지 짐을 맡아 주시겠어요?

Could you keep my baggage until my departure time?

쿠쥬 킵 마이 배기쥐 언틸 마이 디파춰 타임?

방에 물건을 두고 나왔습니다.

I left something in my room.

아이 랩트 썸씽 인 마이 룸

계산을 부탁합니다.

My bill, please.

마이 빌, 플리즈

신용카드도 됩니까?

Do you accept a credit card?

두 유 액셉터 크레딧 카드?

전부 포함된 겁니까?

Is everything included?

이즈 애브리씽 인클루딧?

계산이 틀린 것 같은데요.

I think there is a mistake on this bill.

아이 씽 데어리즈 어 미스테익 온 디스 빌

영수증을 주십시오.

I'd like a receipt, please.

아이드 라익커 리씻, 플리즈

고맙습니다. 즐겁게 보냈습니다.

Thank you. I enjoyed my stay.

땡큐. 아이 인조이드 마이 스테이

출입국 | 호텔 | 레스토랑 | 교통 | 관광 | 쇼핑 | 통신 | 위급상황 | 귀국

호텔에 관한 정보 Tip

호텔예약

여행정보 책자에 소개된 믿을만한 숙소라면 미리 예약을 해두는 것이 현명한 방법이다. 예약과 더불어 공항, 기차역까지 픽업하는 서비스가 있는지, 식사는 제공되는지, 할인이 가능한지, 인터넷 상에서 평이 좋은지 꼼꼼히 체크한다. 대중교통을 이용해 직접 찾아갈 경우, 교통편과 약도를
미리 챙겨 당황하는 일이 없도록 한다. 만약 예약을 하지 않았다면 그 도시에 일찍 도착해서 숙소를 결정하고 싼 호텔이나 모텔은 직접 들어가 보고 결정한다.

체크인, 체크아웃

체크인 시간 보다 빨리 도착했다면 체크인이 가능한지 물어보고 여의치 않으면 front desk에 짐을 맡기고 근처를 관광하거나 로비에서 기다린다. front desk에서 호텔 명함을 챙겨 두면 길을 잃었을 때 택시 기사에게 보여주면 된다.
체크아웃은 보통 오전 10시~11시이고 숙박 요금과 세금, 전화료, 세탁비, 식사비 등을 정산하므로 미리 청구서를 부탁하면 시간을 절약할 수 있다.

Complimentary (컴플리멘터리)

호텔 안에 있는 미니바(mini bar)에 있는 물과 간식은 두 배 정도의 가격을 받는다. 단, complimentary 혹은 with compliments라고 써 있는 것은 호텔에서 무료로 제공하는 것이기 때문에 먹어도 상관없다. 주로 물 한, 두 병이 무료로 제공된다.

Please make up my room
(플리즈 메이크 업 마이룸)

외출 시 방 청소를 원할 때 걸어 둔다. 보통은 손님이 외출할 때 하루에 한 번씩 와서 청소 및 정돈을 해 준다.

Do not disturb (두 낫 디스터브)

외출하지 않고 객실 안에서 쉬고 있을 때 걸어 두면 방해 받지 않을 수 있다.

호텔에서의 주의 사항

방문을 열고 나오면 자동으로 잠기므로 방에서 나올 때는 항상 열쇠를 가지고 나와야 하고 외출할 때는 분실하지 않도록 프런트에 맡긴다. 간혹 베란다도 문을 열고 나오면 자동적으로 닫히는 경우가 있으므로 주의한다.

방 밖은 공공장소이므로 옆방에 가더라도 잠옷과 슬리퍼차림은 곤란하다. 또 해변의 호텔이라도 수영복 차림으로 로비나 거리를 다니는 것은 예의에 어긋나므로 수영복 위에 티셔츠 등을 걸친다. 샤워할 때에는 욕조 이외의 바닥에는 하수구가 따로 없으므로 샤워 커튼을 욕조 안에 넣어 물이 넘치지 않게 주의한다.

여러종류의 숙박시설 Tip

호텔(Hotel)

객실료와 식사까지 포함된 MAP(Modified American Plan)과 식사가 포함되지 않은 EP(European Plan)가 있다. 미국은 리조트 호텔의 일부를 제외하고 EP가 일반적이고 호텔 위치와 시즌에 따라 요금의 차이가 있다. 중급 이하의 호텔은 시설이나 서비스, 안전을 위해 가급적 투숙을 피하는 것이 좋다.
유럽의 호텔은 시설과 서비스의 수준에 따라 특급호텔(Deluxe Hotel), 일급호텔(First Class Hotel), 이급호텔(Standard Class Hotel), 관광호텔(Tourist Class Hotel)로 나누며 국가가 다르더라도 등급에 따른 이용방법이나 서비스의 수준은 비슷하다.

모텔(Motel)

미국 영화에 많이 등장하는 모텔은 자동차 여행 중에 숙소로 이용하기 매우 편리하다. 도심지보다 외곽에 위치하며 자동차를 타고 가다가 'Vacancy-빈방 있음'나 'No Vacancy-빈방 없음' 라는 간판을 붙여 놓아 숙박 여부를 결정할 수 있다. 같은 요금의 호텔보다 넓고 깨끗한 편이며 숙박료에 6~12%의 세금이 별도로 부과된다.

유스호스텔(Youth Hostel)
세계 유스호스텔의 3분의 2가 유럽에 있다는 사실만으로도 유럽의 유스호스텔은 시설이 매우 다양하며 서비스도 양호하다. 나라마다 요금의 차이가 있으므로 사전에 정보를 수집하는 것이 좋고 세계 각국의 여행자가 모이므로 다양한 여행 정보를 교환할 수 있는 장점이 있다.

B&B(Bed & Breakfast)
주로 영국과 아일랜드에 있는 개인이 경영하는 민박식 호텔로 이름 그대로 침대와 아침식사를 제공하며 대도시는 물론 시골에서도 쉽게 찾을 수 있다. 개인집 일부를 숙소로 개방하고 있는 곳도 많아 가정적 분위기를 느낄 수 있다. 가격과 시설 면에서 유스호스텔과 비슷한 편이다.

게스트 하우스(Guest House)
유스호스텔과 비교해 시설은 조금 떨어지지만 역 주변에 위치하고 가격이 저렴하다는 장점이 있다. 방은 개별실이나 주방, 화장실, 샤워 룸 등은 공동으로 이용하는 경우가 많다.

백팩커스(Backpackers)
게스트 하우스와 동일한 개념이며 주로 호주에서 쉽게 접할 수 있다. 보통 시내 중심에 위치하고 있기 때문에 교통이 편리하고 문화시설 이용이 용이하다. 단점은 여러 사람들이 공동 사용하기 때문에 분실의 위험이 높다.

도미토리(Dormitory)
대학교의 여름과 겨울 방학 기간에만 이용할 수 있는 숙소로 기숙사를 여행객에게 제공해주는 것이다. 최고로 저렴한 만큼 시설은 기대하지 않는 것이 좋다.

reservation	레저베이션	예약
registration	레지스트레이션	등록
deposit	디파짓	계약금
cancel	캔쓸	취소
confirmation	컨풔메이션	확인
include	인쿨루드	포함하다
stay	스테이	머무르다
bath	배쓰	욕실
view	뷰	경관
vacancy	베이컨시	빈 방
coupon	쿠폰	쿠폰
valuable	밸류어블	귀중한
baggage	배기쥐	짐
forget	풔겟	잊어버리다
massage	머시쥐	안마

POINT WORDS

machine	머쉰	기계
laundry	론드리	세탁물
shirt	셔츠	셔츠
beauty salon	뷰티살롱	미용실
hair	헤어	머리
shave	쉐이브	면도
trim	트림	다듬다
short	숏	짧은
ahead	어헤드	앞으로
busy	비지	바쁜
answer	앤써	대답
vending machine	벤딩 머쉰	자판기
lock	락	잠그다
use	유즈	사용하다
yet	옛	아직

PART 03
restaurant
레스토랑

 단어를 바꾸가면서 말해요~ change the word

❶ 이 식당은 어디에 있습니까?

Where is this restaurant?

웨어리즈 디스 레스토랑?

restaurant 대신 쓸수 있는 단어
- cafeteria 카페테리아
- buffet 뷔페
- lunch counter 경식당
- coffee shop 커피점
- snack 스낵
- pizza house 피자집

❷ 아침 식사를 하려는데요.

I want to have breakfast.

아이 완투 해브 블렉퍼스트

breakfast 대신 쓸수 있는 단어
- afternoon tea 간식
- supper 가벼운 저녁
- dinner 만찬
- brunch 아침 겸 점심
- luncheon/lunch 점심

❸ 햄버거는 내가 제일 좋아하는 음식이다.

Hamburger is my favorite food.

햄버거 이즈 마이 페이버릿 푸드

hamburger 대신 쓸수 있는 단어
- steak 스테이크
- lobster 바닷가재
- tuna-fish sandwich 참치 샌드위치
- sea food 해물요리

❹ 이 레스토랑은 구운 고기로 유명합니다.

This restaurant is famous for baked meat.

디스 레스토랑 이즈 페이머스 포 베이크드 미트

baked 대신 쓸 수 있는 단어

- broiled 불에 구운
- fried 기름에 튀긴
- sliced 얇게 저민
- flavored 양념한
- grilled 석쇠에 올려놓고 구운
- smoked 훈제한

❺ 마늘은 넣지 말아 주세요.

Hold the garlic, please.

홀드 더 갈릭 플리즈

garlic 대신 쓸 수 있는 단어

- green onion 파
- pepper 후추
- ginger 생강
- onion 양파
- salt 소금
- carrot 당근

❻ 어떤 맥주가 있습니까?

What kind of beer do you have?

왓 카인드 어브 비어 두 유 해브?

beer 대신 쓸 수 있는 단어

- wine 포도주
- liquor 주류
- vodka 보드카
- whisky 위스키
- drink 주류
- scotch 스카치

unit 1
식당찾기와 예약하기

이 근처에 맛있게 하는 음식점은 없습니까?

Is there a good restaurant around here?

이즈 데어러 굿 레스터런 어롸운 히어?

음식을 맛있게 하는 가게가 있으면 가르쳐 주세요.

Could you recommend a popular restaurant?

쿠쥬 리커멘더 파퓰러 레스터런?

식당이 많은 곳은 어디입니까?

Where is the main area for restaurants?

웨어리즈 더 메인 에어리어 풔 레스터런츠?

이곳에 한국 식당은 있습니까?

Do you have a Korean restaurant?

두 유 해버 코리언 레스터런?

가볍게 식사를 하고 싶은데요.

I'd like to have a light meal.

아이드 라잌 투 해버 라잇 밀

이 지방의 토속요리를 먹고 싶은데요.

I'd like to have a some local food.

아이드 라일 투 해버 썸 로컬 푸드

조용한 분위기의 레스토랑이 좋겠습니다.

I'd like a quiet restaurant.

아이드 라이커 콰이엇 레스터런

(책을 보이며) 이 가게는 어디에 있습니까?

Where is this restaurant?

웨어리즈 디스 레스터런?

이 지도 어디에 있습니까?

Would you show me on this map?

우쥬 쇼우 미 온 디스 맵?

거기는 어떻게 갑니까?
How can I get there?
하우 캔 아이 겟 데어?

걸어서 갈 수 있습니까?
Can I get there on foot?
캔아이 겟 데어론 풋?

몇 시부터 엽니까?
What time does it open?
왓 타임 더짓 오픈?

이 시간에 문을 연 가게는 있습니까?
Is there a restaurant open at this time?
이즈 데어러 레스터런 오픈 앳 디스 타임?

예약이 필요한가요?
Do we need a reservation?
두 위 니더 레저베이션?

여기서 예약할 수 있나요?
Can we make a reservation here?
캔 위 메이커 레저베이션 히어?

오늘밤 예약하고 싶은데요.

I'd like to make a reservation for tonight.

아이드 라잌 투 메이커 레저베이션 풔 투나잇

손님은 몇 분이십니까?

How large is your party?

하우 라쥐 이쥬어 파리?

오후 6시 반에 5명이 갑니다.

Five people at 6:30 p.m.

파이브 피플 앳 식스 써리 피엠

일행들 같은 자리로 해 주세요.

We'd like to have a table together.

위드 라잌 투 해버 테이블 투게더

안녕하세요. 예약은 하셨습니까?

Good evening.
Do you have a reservation?

굿 이브닝. 두 유 해버 레저베이션?

6시에 예약한 홍길동입니다.

My name is Kil-dong Hong.
I have a reservation at six.

마이 네임 이즈 길동 홍. 아이 해버 레저베이션 앳 식쓰

예약을 하지 않았습니다.

We don't have a reservation.

위 돈ㅌ 해버 레저베이션

몇 분이십니까?

How many in your party?

하우 메니 인 유어 파리?

흡연석으로 하시겠습니까? 금연석으로 하시겠습니까?

Would you like smoking or nonsmoking?

우쥬 라잌 스모킹 오어 논스모킹?

안내해드릴 때까지 기다려 주십시오.

Please wait to be seated.

플리즈 웨잇 투 비 씨티드

unit 2 음식 주문하기

메뉴 좀 보여 주세요.

May I see the menu?

메아이 씨 더 메뉴

한국어 메뉴는 있습니까?

Do you have a menu in Korean?

두 유 해버 메뉴 인 코리언?

메뉴에 대해서 가르쳐 주실래요?

Would you help me with this menu?

우쥬 핼프 미 위드 디스 메뉴?

주문하시겠습니까?

Are you ready to order?

아 유 래디 투 오더?

출입국 · 호텔 · 레스토랑 · 교통 · 관광 · 쇼핑 · 통신 · 위급상황 · 귀국

잠깐 기다려 주세요.

We need a little more time.

위 니더 리를 모어 타임

주문받으세요.

We are ready to order.

위 아 레디 투 오더

추천해 주실 만한 것이 있나요?

Do you have any suggestion?

두 유 해브 애니 서제스쳔?

오늘 특별 요리는 무엇입니까?

Do you have today's special?

두 유 해브 투데이즈 스페셜?

여기서 잘하는 요리는 무엇입니까?

What is the specialty of the house?

와리즈 더 스페셜티 옵 더 하우스?

이것으로 부탁합니다.

I'll take this one.

아일 테익 디스 원

(메뉴를 가리키며) 이것과 이것으로 주세요.

This and this, please.

디스 앤 디스, 플리즈

저도 같은 것으로 주세요.

I'll have the same.

아일 해브 더 세임

음료는 무엇으로 하시겠습니까?

Would you like to order a drink?

유주 라익 투 오더러 드링크?

빨리 되는 것이 있습니까?

Do you have anything ready quickly?

두 유 해브 애니씽 래디 퀴클리?

저것과 같은 요리를 주시겠어요?

Can I have the same dish as that?

캔 아이 해브 더 세임 디쉬 애즈 댓?

이것은 무슨 요리입니까?

What kind of dish is this?

왓 카인넙 디쉬즈 디스?

어떤 요리인지 설명해 주시겠어요?

Can you explain this dish?
캔 유 익스플레인 디스 디쉬?

요리재료는 뭡니까?

What are the ingredients?
왓아더 인그리디언츠?

다른 주문은 없으십니까?

Anything else?
애니씽 엘스?

unit 3
맛있는 음식 즐기기

이것은 무슨 재료를 사용한 겁니까?

What are the ingredients for this?

왓아더 인그리디언츠 풔 디스?

이 고기는 무엇입니까?

What kind of meat is this?

왓 카인업 밋 이즈 디스?

스테이크를 완전히 익혀서 주세요.

I want my steak well-done.

아이 원트 마이 스테이크 웰 던

먹는 법을 가르쳐 주시겠어요?

Could you tell me how to eat this?

쿠쥬 텔 미 하우 투 잇 디스?

출입국 | 호텔 | 레스토랑 | 교통 | 관광 | 쇼핑 | 통신 | 위급상황 | 귀국

이건 어떻게 먹으면 됩니까?
How do I eat this?
하우 두 아이 잇 디스?

맛이 어떻습니까?
How does it taste?
하우 더짓 테이슷?

빵을 좀더 주실래요?
Can I have more bread?
캔 아이 해브 모어 브레드?

~을 추가로 부탁합니다.
I'd like to order some more ~.
아이드 라잌 투 오더 썸 모어 ~

물 한 잔 주세요.
I'd like a glass of water, please.
아이드 라이커 글래스 업 워러, 플리즈

리필 좀 해주시겠어요?
Can I get a refill, please?
캔 아이 게러 리필 플리즈?

소금 좀 갖다 주시겠어요?

Could I have some salt, please.

쿠다이 해브 썸 솔트, 플리즈

나이프(포크)를 떨어뜨렸습니다.

I dropped my knife(fork).

아이 드랍트 마이 나이프(포크)

이걸 치워주시겠어요?

Could you please take this away?

쿠쥬 플리즈 테익 디스 어웨이?

디저트는 뭐가 있나요?

What do you have for dessert?

왓 두 유 해브 풔 디젓?

디저트를 주세요.

I'd like a dessert, please.

아이드 라이커 디저트, 플리즈

커피만 주세요.

Just coffee, please.

저슷 커피, 플리즈

디저트로 무엇을 드시겠습니까?

What will you have for dessert?

왓 윌 유 해브 포 디저트?

(디저트를 권할 때) 아뇨, 됐습니다.

No, thank you.

노, 땡큐

이 요리에는 어느 와인이 맞습니까?

Which wine goes with this dish?

위치 와인 고우즈 위 디스 디쉬?

와인 리스트를 볼 수 있나요?

May I see the wine list?

메아이 씨 더 와인 리슷?

글라스로 주문됩니까?

Can I order it by the glass?

캔 아이 오더릿 바이 더 글래스?

이 지방의 독특한 술입니까?

Is it a local alcohol?

이짓 어 로우컬 앨커홀?

어떤 술입니까?

What kind of alcohol is it?

왓 카인업 앨커홀 이짓?

어떤 맥주가 있습니까?

What kind of beer do you have?

왓 카인업 비어 두 유 해브?

생맥주는 있습니까?

Do you have a draft beer?

두 유 해버 드랩트 비어?

가벼운 술이 좋겠습니다.

I'd like a light alcohol.

아이드 라이커 라잇 앨커홀

한 잔 더 주세요.

Another one, please.

어나더 원, 플리즈

한 병 더 주세요.

May I have another one?

메아이 해브 어나더 원?

unit 4
식당내 트러블

주문한 게 아직 안 나왔습니다.
My order hasn't come yet.
마이 오더 해즌ㅌ 컴 옛.

어느 정도 기다려야 합니까?
How long do we have to wait?
하우 롱 두 위 해브 투 웨잇?

아직 시간이 많이 걸립니까?
Will it take much longer?
윌릿 테잌 머치 롱거?

조금 서둘러 주겠어요?
Would you rush my order?
우쥬 러쉬 마이 오더?

벌써 30분이나 기다리고 있습니다.

I've been waiting for thirty minutes.

아이브 빈 웨이링 풔 써리 미닛츠

주문을 취소하고 싶은데요.

I want to cancel my order.

아이 원 투 캔슬 마이 오더

주문을 바꿔도 되겠습니까?

Can I change my order?

캔 아이 체인쥐 마이 오더?

이건 주문하지 않았는데요.

I don't think I ordered this.

아이 돈ㅌ 씽카이 오더드 디스

주문을 확인해 주겠어요?

Can you please check my order?

캔유 플리즈 첵 마이 오더?

수프에 뭐가 들어있습니다.

There's something in the soup.

데어즈 썸씽 인 더 숩

요리가 덜 된 것 같네요.

This is not cooked enough.

디씨즈 낫 쿠키드 이넢

이 스테이크는 너무 구워졌어요.

I think this steak is overdone.

아이 씽 디스 스테잌 이즈 오버던

새 것으로 바꿔 주세요.

Please change this for new one.

플리즈 체인쥐 디스 풔 뉴 원

이 요리를 데워 주세요.

Please warm this dish up.

플리즈 웜 디스 디쉬 업

너무 많아서 먹을 수 없습니다.

It is more than I can eat.

잇이즈 모어 댄 아이 캔 잇

unit 5
패스트푸드 먹기

이 근처에 패스트푸드점은 있습니까?

Is there a fastfood store around here?

이즈 데어러 패슷푸드 스토어 어롸운 히어?

햄버거하고 커피 주시겠어요?

Can I have a hamburger and a coffee, please?

캔 아이 해버 햄버거 앤더 커피, 플리즈?

어디서 주문합니까?

Where do I order?

웨어 두 아이 오더?

2번 세트로 주세요.

I'll take the number two combo.

아윌 테익 더 넘버 투 콤보

어느 사이즈로 하시겠습니까?
Which size would you like?
위치 싸이즈 우쥬 라익?

마요네즈를 바르겠습니까?
Would you like mayonnaise?
우쥬 라익 메이어네이즈?

이것을 주세요.
I'll try it.
아윌 트라이 잇

샌드위치를 주세요.
A sandwich, please.
어 샌드위취, 플리즈

케첩을 주세요.
With ketchup, please.
위드 케첩, 플리즈

(재료를 가리키며) 이것을 샌드위치에 넣어 주세요.
Put this in the sandwich, please.
풋 디쓴 더 샌드위취, 플리즈

(주문은) 전부입니다.
That's all.
댓츠 올

여기서 드시겠습니까, 아니면 가지고 가실 겁니까?
For here or to go?
풔 히어 오어 투 고?

여기서 먹겠습니다.
I'll eat here.
아윌 잇 히어

가지고 갈 거예요.
To go(take out), please.
투 고(테이카웃), 플리즈

이 자리에 앉아도 되겠습니까?
Can I sit here?
캔 아이 씻 히어?

어디서 지불하나요?
Where shall I pay the bill?
웨어 쉘 아이 페이 더 빌?

unit 6
음식값 계산하기

여기서 지불할 수 있나요?
Can I pay here?
캔 아이 페이 히어?

따로따로 지불하고 싶은데요.
Separate checks, please.
세퍼레잇 첵스, 플리즈

제 몫은 얼마인가요?
How much is my share?
하우 머치즈 마이 쉐어?

제가 모두 내겠습니다.
I'll take care of the bill.
아윌 테익 케어럽 더 빌

제가 낼게요.
It's on me.
잇츠 온 미

계산해 주세요.
Check, please.
첵, 플리즈

팁은 포함되어 있습니까?
Is the tip included?
이즈 더 팁 인클루딧?

봉사료는 포함되어 있습니까?
Is it including the service charge?
이짓 인클루딩 더 서비스 차지?

신용카드도 받나요?
Do you accept credit cards?
두 유 엑셉 크레딧 카즈?

현금으로 낼게요.
I'd like to pay in cash.
아이드 라잌 투 페이 인 캐쉬

계산서를 주세요.

Please let me have the bill.

플리즈 렛 미 해브 더 빌

계산서를 나눠 주시겠어요?

Could we have separate checks?

쿠드 위 해브 세퍼레잇 첵스?

이 요금은 무엇입니까?

What's this charge for?

왓츠 디스 차지 풔?

계산이 틀린 것 같습니다.

I'm afraid the check is wrong.

아임 어프레이드 더 첵키즈 륑

레스토랑에 관한 여행정보 Tip

레스토랑(Restaurant)
중급 이상의 레스토랑이라면 미리 예약을 하고 이용 정보부터 알아둔다. 드레스코드(복장규칙)가 정해진 곳인지 확인하고 고급문화를 즐길 계획이라면 격식을 갖춘 복장을 준비해 놓는다. 호텔 프런트에서 추천을 받거나 레스토랑 입구에 가격과 주요 요리를 적어 놓은 곳이 많으므로 그중에서 선택하면 되고 잘 알아볼수없을 경우정식(Today's Special)이나 세트 메뉴(Complete Dinner)를 시키면 무난하다.

커피숍(Coffee Shop)

우리나라와 달리 차와 간단한 식사도 할 수 있는 곳이다. 커피 외에 햄버거, 샌드위치 등이 있으며 특별 메뉴가 있는 곳도 있다. 미국의 커피는 연하고 양이 많아 물처럼 마실 수 있고 컵이 비면 직원이 와서 리필해 준다.

카페테리아(Cafeteria)
셀프서비스 레스토랑으로 입구에서 접시를 들고 이동하면서 케

이크, 야채, 메인요리 등 진열된 요리를 골라 먹는다. 음식의 양과 예산을 고려해 선택하면 되고 의사소통 없이 직접 고를 수 있는 것이 장점이다. 인구가 많은 도시에 많고 팁은 따로 필요 없다.

델리카트슨(Delicatessen)

미국의 반찬 가게라고 할 만한 곳으로 조리된 육류나 치즈, 빵, 샌드위치 재료를 판다. 늦게까지 영업을 하는 곳이 많고 가격은 커피숍이나 패스트푸드점보다 비싼 편이다.

패스트푸드(Fast Food)

세계 각국에 체인점이 있고 주문 방식도 한국과 같기 때문에 부담 없이 먹을 수 있다. 대표적인 패스트푸드는 햄버거와 핫도그지만 나라마다 특색이 있으니 한 번 도전해 볼만하다. 상점에서 먹는다면 "Here", 음식을 포장하려면 미국과 캐나다에서는 "To go" 또는 "Take out"이라고 하며, 영국과 호주에서는 "Take away"라고 한다. 대도시 거리에서 쉽게 볼 수 있는 핫도그 스탠드는 핫도그와 콜라만 파는 곳으로 기호에 따라 양파, 피클, 소스 등을 주문해 먹으면 된다.

각 나라별 음식문화 여행정보 Tip

● 스페인의 음식을 얘기할 때 '올리브'를 빼놓고는 말이 되지 않는다. 올리브는 열매를 샐러드로 아니면 날것이나 절임으로 먹는데 대부분은 기름을 짜서 음식에 첨가하여 먹는다. '빠에야'는 쌀과 샤프란 각종 재료를 넣고 지은 밥으로 스페인의 대표 요리이다.

● 영국의 요리를 한마디로 표현하자면 '심플'이다. 조미료를 거의 사용하지 않고 소금이나 후추, 식초 향신료 등을 쳐서 먹는다. '피쉬 앤 칩스'는 튀긴 생선과 튀긴 감자로 저렴하고 풍성한 음식이고 '로스트 비프'는 안심 덩어리를 오븐에 구운 것으로 전통적이면서 영국을 대표하는 음식이다.

● 프랑스의 요리는 세계제일로 꼽힐 만큼 종류도 다양하고 맛 또한 훌륭하다. 서민들이 즐기는 음식으로 '꼬꼬뱅'(닭고기와 야채에 붉은 포도주를 넣고 졸인 것)과 '쿠스쿠스'(노란색의 곡식을 증기로 쪄서 먹음) '크레이프'(얇게 구운 빵에 내용물을 넣어 먹음) 등을 추천한다.

● 터키의 대표 요리는 케밥이다. 케밥은 '구이'라는 뜻으로 쇠고기, 닭고기, 양고기 등으로 만든다. 이슬람 국가인 터키에서는 돼지고기로 만든 것은 찾아볼 수 없다. 소시지나 햄도 쇠고기나 양고기로 만들어진다.

레스토랑에서의 에티켓 Tip

예약
- 예약시 이름, 연락처, 시간, 날짜 및 참석자 수를 알려 준다.
- 4인 이상이거나 특별한 경우에는 메뉴와 와인도 선별하여 미리 주문해 놓는 것이 좋다.
- 가격 및 지불방법은 미리 물어 결정한다.
- 적어도 2주 전에 예약하고 전날 예약을 재확인한다.

도착
- 예약사항 및 이름을 확인한다.
- 모자, 코트, 가방 등의 짐은 클락 룸(Cloak Room)에 맡긴다. 여성일 경우 핸드백은 반드시 지참한다.
- 레스토랑에 도착하면 먼저 손을 씻는다. 짐을 맡긴 후에는 레스토랑에 들어가기 전 화장실에 들어가 손을 씻고 옷매무새를 다시 한 번 가다듬는 여유가 필요하다.
- 웨이터가 자리를 안내해 줄때까지 기다린다.

착석
- 식탁과는 주먹 2개 정도 간격을 두고 의자는 뒤쪽으로 깊숙이 앉는다.
- 등을 의자에 기대지 않는다.
- 양 무릎 사이의 간격이 너무 벌어지지 않도록 한다.
- 식탁 위에 팔꿈치를 올려 놓지 않는다.

- 양손은 큰 접시를 사이에 두고 식탁에 가볍게 얹는다.
- 냅킨은 다 펴지 않고 반만 펴서 사용하는 것이 에티켓.

식사 중의 대화
- 식사 중에 대화를 하면서 상대방의 식사속도에 맞춰 천천히 먹는다.
- 대화를 위해서 음식을 조금씩만 입에 넣어 먹는 것이 요령이다.
- 식탁에서 주위 사람들과 자연스럽게 교양있는 대화를 나누되 멀리 있는 사람과 크게 말하지 않는다.
- 상대가 입안에 음식을 넣었을 때는 말을 걸지 않으며 자신에게 말을 시켰을 때 입안에 음식이 있으면 대답을 서둘러 하지 말고 음식을 삼킨 후 "Excuse me" 라고 양해를 구하고 말한다.

계산
- 계산은 커피나 음료를 거의 마신 후 앉은 자리에서 한다.
- 팁은 계산이 끝난 후 영수증을 담아 온 접시위에 놓거나 남의 눈에 띄지 않게 자연스럽게 웨이터에게 준다.
- 계산하는 것도 식사의 연속이다. 식사가 끝났다고 섣불리 일어서는 것은 매너가 아니다.

흡연 에티켓
- 금연석과 흡연석을 구분해서 앉고 흡연석에서도 식사 후 흡연 시는 다른 사람에게 미리 양해를 구한다.

POINT WORDS

restaurant	레스터런	식당
menu	메뉴	메뉴
meal	밀	식사
order	오더	주문하다
taste	데이스트	맛
spoon	스푼	수저
fork	포크	포크
knife	나이프	나이프, 칼
chopsticks	챱스틱스	젓가락
dish	디쉬	요리, 접시, 음식
Take out	테잌아웃	가지고 가다
sandwich	샌드위치	샌드위치
nonsmoking	논스모킹	비흡연석
well-done	웰던	완전히 익힌
rare	레어	조금만 익힌

POINT WORDS

medium	미듐	중간 정도만 익힘
overdone	오버던	너무 익힌
dessert	디저트	후식
wine	와인	와인
bread	브레드	빵
local food	로컬풋	토속음식
ingredient	인그리디언츠	음식재료, 성분
draft beer	드랩트비어	생맥주
quickly	퀴클리	빨리
change	췌인쥐	바꾸다
recommend	리커멘드	추천하다
need	니드	필요하다
later	레이러	나중에
available	어베일러블	가능한
pay	페이	지불하다

PART 04
transport
교통

❶ 이 주소로 가주세요.

Take me to this address.
테익 미 투 디스 어드레스

address 대신 쓸 수 있는 단어
• place 장소 • district 구역
• area 지역 • point 지점
• street 거리(동서로 뻗은) • avenue 큰 길(남 북 으로 뻗은)

❷ 버스터미널은 어디입니까?

Where is the bus stop.
웨어리즈 더 버스 스탑?

bus stop 대신 쓸 수 있는 단어
• station 역 • railroad 철도역
• ticket barrier 개찰구 • gate 탑승구
• departure station 출발역 • terminal station 종착역

❸ 식당차는 어디에 있습니까?

Where is the dining car ?
웨어즈 더 다이닝 카?

dining car 대신 쓸 수 있는 단어
• sleeping car 침대차 • goods car 화물칸
• smoking car 흡연칸 • non smoking car 비흡연칸
• 1st class 1등석 • 2nd class 2등석

❹ 면세품 가게가 어디 있습니까?

Where is the duty-free shop?

웨어리즈 더 듀티프리 숍?

duty-free shop 대신 쓸 수 있는 단어
- flea market 벼룩시장
- market 시장
- cosmetics shop 화장품 가게
- specialties shop 특산물 가게
- garage sale 소규모 벼룩시장
- gift shop 선물가게

❺ 박물관에는 어떻게 갑니까?

How can I get to the museum?

하우 캔 아이 겟 투 더 뮤지엄?

museum 대신 쓸 수 있는 단어
- art gallery 미술관
- beauty spot 명승지
- department store 백화점
- The National Assembly Building 국회의사당
- ancient palace 고궁
- city hall 시청

❻ 거기에 가려면 택시 밖에 없나요?

Is a taxi the only way to get there?

이저 택시 더 온리 웨이 투 겟 데어?

taxi 대신 쓸 수 있는 단어
- bus 버스
- motorcycle 오토바이
- airplane 비행기
- subway 지하철
- bike 자전거
- seaplane 수상비행기

unit 1
길 묻기와 대답하기

저, 실례합니다!
Excuse me!
익스큐즈 미!

(지도를 가리키며) 우리는 지금 어디에 있는 겁니까?
Where are we now?
웨어아 위 나우?

실례합니다. 잠깐 여쭙겠습니다.
Excuse me. I have a question.
익스큐즈 미. 아이 해버 퀘스쳔

백화점은 어디에 있습니까?
Where's the department store?
웨어즈 더 디파터먼 스토어?

면세품 가게가 어디 있습니까?

Where is the duty free shop, please?

웨어 이즈 더 듀티프리 샵, 플리즈?

실례합니다! 여기는 무슨 거리입니까?

Excuse me! What's this street?

익스큐즈 미! 왓츠 디스 스트릿?

박물관에는 어떻게 가면 됩니까?

How can I get to the museum?

하우 캔아이 겟 투 더 뮤지엄?

걸어서 몇 분 걸립니까?

How many minutes by walking.

하우 메니 미닛츠 바이 워킹

역으로 가는 길을 가르쳐 주십시오.

Please tell me the way to the station.

플리즈 텔 미 더 웨이 투 더 스테이션

출입국 | 호텔 | 레스토랑 | 교통 | 관광 | 쇼핑 | 통신 | 위급상황 | 귀국

여기에서 가깝습니까?
Is it near here?
이짓 니어 히어?

거기까지 걸어서 갈 수 있습니까?
Can I walk there?
캔 아이 워크 데어?

거기까지 어느 정도 시간이 걸립니까?
How long does it take?
하우 롱 더짓 테잌?

거기까지 버스로 갈 수 있습니까?
Can I get there by bus?
캔아이 겟 데어 바이 버스?

거기에 가려면 택시밖에 없나요?
Is a taxi the only way to get there?
이저 택시 더 온리 웨이 투 겟 데어?

거기까지 택시로 얼마나 걸립니까?
How much does it take to go there by taxi?
하우 머취 다즈 잇 테잌 투 고우 데얼 바이 택시?

이 주위에 지하철역이 있습니까?

Is there a subway station around here?

이즈 데어러 섭웨이 스테이션 어롸운 히어?

지하철 노선표 좀 주시겠습니까?

May I have a subway route map.

메이 아이 해버 서브웨이 루트 맵

지도에 표시해 주시겠습니까?

Would you mark it, please.

우쥬 마킷, 플리즈

길을 잃었습니다.

I got lost on my way.

아이 갓 로슷 온 마이 웨이

어디에 갑니까?

Where are you going?

웨어아 유 고잉?

코리아타운으로 가는 길입니다.

We're going to Korea Town.

위어 고잉 투 코리어 타운

출입국 | 호텔 | 레스토랑 | **교통** | 관광 | 쇼핑 | 통신 | 위급상황 | 귀국

저도 잘 모릅니다.

I'm not sure myself.

아임 낫 슈어 마이셀프

다른 사람에게 물어보십시오.

Please ask someone else.

플리즈 애슥 썸원 엘스

미안합니다. 잘 모르겠습니다.

I'm sorry. I don't know.

아임 쏘리. 아이 돈ㅌ 노우

지도를 가지고 있습니까?

Do you have a map?

두 유 해버 맵?

택시를 불러 주시겠습니까?

Could you call a taxi for me, please?

쿠쥬 콜어 택시 풔 미, 플리즈?

친절을 베풀어 주셔서 감사합니다.

It's very kind of you. Thank you.

잇츠 베리 카인더뷰. 땡큐

unit 2
택시로 이동하기

출입국 호텔 레스토랑 **교통** 관광 쇼핑 통신 위급상황 귀국

어디서 택시를 탈 수 있습니까?
Where can I get a taxi?
웨어 캔 아이 게러 택시?

어디서 기다리고 있으면 됩니까?
Where should we wait?
웨어 슈드 위 웨잇?

택시!
Taxi!
택시!

우리들 모두 탈 수 있습니까?
Can we all get in the car?
캔 위 올 게린 더 카?

트렁크를 열어 주시겠어요?

Would you open the trunk?

우쥬 오픈 더 트렁크?

(주소를 보이며) 이 주소로 가 주세요.

Take me to this address, please.

테잌 미 투 디스 어드레스, 플리즈

서둘러 주시겠어요?

Could you please hurry?

쿠쥬 플리즈 허리?

가장 가까운 길로 가 주세요.

Take the shortest way, please.

테잌 더 숏티스트 웨이, 플리즈

여기서 세워 주세요.

Stop here, please.

스탑 히어, 플리즈

다음 신호에서 세워 주세요.

Please stop at the next light.

플리즈 스탑 앳 더 넥슷 롸잇

여기서 기다려 주시겠어요?

Would you wait for me here?
우쥬 웨잇 풔 미 히어?

얼마입니까?

How much is it?
하우 머치 이짓?

거스름돈은 됐습니다.

Keep the change.
킵 더 체인쥐

출입국 | 호텔 | 레스토랑 | 교통 | 관광 | 쇼핑 | 통신 | 위급상황 | 귀국

unit 3
버스로 이동하기

어디서 버스 노선도를 얻을 수 있습니까?

Where can I get a bus route map?

웨어 캔아이 게러 버스 루트 맵?

버스 정류장은 어디에 있습니까?

Where is the stop?

웨어리즈 더 스탑?

버스는 어디서 기다립니까?

Where would I waited for the bus?

웨어 우듀 아이 웨이티드 풔더 버스?

어느 버스를 타면 됩니까?

Which bus do I get on?

위치 버스 두 아이 게론?

어느 버스가 시내로 갑니까?
Which bus goes downtown?
위치 버스 고우즈 다운타운?

표는 어디서 살 수 있습니까?
Where can I get a ticket?
웨어 캔아이 게러 티켓?

매표소는 어디에 있습니까?
Where is the ticket office?
웨어리즈 더 티켓 어퓌스?

버스는 언제 옵니까?
When's the bus coming?
웬즈 더 버스 커밍?

거기에 가는 직행버스는 있나요?
Is there any bus that goes there directly?
이즈 데어래니 버스 댓 고스 데어 다이렉틀리?

갈아타야 합니까?
Do I have to transfer?
두 아이 해브 투 트랜스퍼?

출입국 | 호텔 | 레스토랑 | 교통 | 관광 | 쇼핑 | 통신 | 위급상황 | 귀국

어디서 갈아 타야 합니까?

Where should I transfer?

웨얼 슈다이 트랜스퍼?

도착하면 알려 주세요.

Tell me when we arrive there.

텔 미 웬 위 어라이브 데어

어디서 내려야 하는지 알려 주십시오.

Let me know where to get off.

렛미 노우 웨어 투 겟 오프

여기서 내려요.

I'll get off here.

아윌 겟 오프 히어

돌아오는 버스는 어디서 탑니까?

Where is the bus stop for going back?

웨어리즈 더 버스탑 풔 고잉 백?

unit 4
관광버스로 이동하기

출입국 | 호텔 | 레스토랑 | **교통** | 관광 | 쇼핑 | 통신 | 위급상황 | 귀국

라스베가스를 방문하는 투어는 있습니까?

Do you have a tour to Las Vegas?

두 유 해버 투어 투 라스 베이거스?

몇 시에 돌아옵니까?

What time are we returning?

왓 타임 아 위 리터닝?

투어는 몇 시에 어디서 시작됩니까?

When and where does the tour begin?

웬 앤 웨어 더즈 더 투어 비긴?

호텔까지 데리러 옵니까?

Will you pick us up at the hotel?

윌 유 피커스 업 앳 더 호텔?

unit 5
지하철·기차 이동하기

지하철 노선도를 주시겠습니까?
May I have a subway map?
메아이 해버 섭웨이 맵?

이 근처에 지하철역이 있습니까?
Is the subway station near here?
이즈 더 섭웨이 스테이션 니어 히어?

표는 어디서 삽니까?
Where can I buy a ticket?
웨어 캔아이 바이 어 티킷?

자동매표기는 어디에 있습니까?
Where is the ticket machine?
웨어리즈 더 티킷 머쉰?

센트럴파크로 가려면 어디로 나가면 됩니까?

Which exit should I take for Central Park?

위치 에그짓 슈다이 테익 풔 센트럴 파크?

어디서 갈아탑니까?

Where should I change trains?

웨어 슈다이 체인쥐 트레인스?

이건 남부역에 갑니까?

Is this for South station?

이즈 디스 풔 싸우스 스테이션?

다음은 어디입니까?

What's the next station?

왓츠 더 넥 스테이션?

북부역은 몇 번째입니까?

How many stops are there to North station?

하우 메니 스탑스 아 데어 투 노쓰 스테이션?

다음은 어디입니까?

What's the next station?

왓츠 더 넥스트 스테이션?

이 지하철은 동부역에 섭니까?

Does this train stop at East station?

더즈 디스 트레인 스탑 앳 이슷 스테이션?

이 노선의 종점은 어디입니까?

Where's the end of this line?

웨어즈 디 엔덥 디스 라인?

지금 어디 근처입니까?

Where are we now?

웨어라 위 나우?

다음은 센트럴 역입니까?

Is the next stop Central Station?

이즈 더 넥스트 스탑 센트럴 스테이션?

표를 잃어버렸습니다.

I lost my ticket.

아이 로슷 마이 티켓

지하철에 가방을 두고 내렸습니다.

I left my bag in a subway.

아이 랩트 마이 백 인어 섭웨이

로스앤젤레스까지 편도 주세요.

A single to Los Angles, please.

어 씽글 투 로샌절리스, 플리즈

보스톤 가는 표 2장 주세요.

Please give me two tickets to Boston.

플리즈 깁미 투 티켓 투 보스톤

급행열차로 가고 싶어요

I'd like to go by express train.

아니드 라잌투 고우 바이 익스프레스 트레인

예약 창구는 어디입니까?

Which window can I reserve a seat at?

위치 윈도우 캔 아이 리저버 씨랫?

더 이른 열차는 있습니까?

Do you have an earlier train?

두 유 해번 얼리어 트레인?

더 늦은 열차는 있습니까?

Do you have a later train?

두 유 해버 래이러 트레인?

3번 홈은 어디입니까?

Where is platform No 3.

웨어리즈 플랫폼 넘버 쓰리?

파리행 열차는 어디입니까?

Where's the train for Paris?

웨어즈 더 트레인 풔 패리스?

이건 마드리드행입니까?

Is this for Madrid?

이즈 디스 풔 마드릿?

(표를 보여주며) 이 열차 맞습니까?

Is this my train?

이즈 디스 마이 트레인?

이 열차는 예정대로 출발합니까?

Is this train on schedule?

이즈 디스 트레인 온 스케쥴?

거기는 제 자리입니다.
That's my seat.
댓츠 마이 씻

이 자리는 비어 있습니까?
Excuse me. Is this seat free?
익스큐즈미 이즈 디스 시트 프리?

창문을 열어도 되겠습니까?
May I open the window?
메아이 오픈 더 윈도우?

식당차는 어디에 있습니까?
Where's the dining car?
웨어즈 더 다이닝 카?

(여객승무원) 도와 드릴까요?
May I help you?
메아이 핼퓨?

로마까지 몇 시간입니까?
How many hours to Rome?
하우 메니 아우어즈 투 로움?

출입국 호텔 레스토랑 교통 관광 쇼핑 통신 위급상황 귀국

(국경을 통과할 때) 여권을 보여 주십시오.
May I see your passport?
메아이 씨 유어 패스폿?

잠시 기다려 주십시오.
Just a minute, please.
저스터 미닛, 플리즈

여기는 무슨 역입니까?
What station is this?
왓 스테이션 이즈 디스?

다음 역은 무슨 역입니까?
What's the next station?
왓츠 더 넥스트 스테이션?

unit 6
렌트카 빌려타기

출입국 | 호텔 | 레스토랑 | **교통** | 관광 | 쇼핑 | 통신 | 위급상황 | 귀국

렌터카는 어디에서 빌립니까?
Where can I rent-a-car?
웨어 캔 아이 렌트 어 카?

렌터카 카운터는 어디에 있습니까?
Where's the rent a car counter?
웨어즈 더 렌터 카 카운터?

어느 정도 운전할 예정이십니까?
How long will you need it?
하우 롱 윌 유 니드 잇?

1주간입니다.
For a week.
풔러 윅

차를 3일간 빌리고 싶습니다.

I'd like to rent a car for three days.
아이드 라잌 투 렌터 카 풔 쓰리 데이즈

이것이 제 국제운전면허증입니다.

Here's my international driver's license.
히어즈 마이 인터내이셔널 드라이버즈 라인선스

어떤 차가 있습니까?

What kind of cars do you have?
왓 카인업 카스 두 유 해브?

렌터카 목록을 보여 주시겠어요?

Can I see your rent a car list?
캔아이 씨 유어 렌터 카 리슷?

어떤 타입의 차가 좋으시겠습니까?

What type of car would you like?
왓 타입 업 카 우쥬 라잌?

중형차를 빌리고 싶은데요.

I'd like a mid-size car.
아이드 라이커 미드 싸이즈 카

오토매틱밖에 운전하지 못합니다.

I can only drive an automatic.

아이 캔 오운리 드라이번 오러매릭

선불이 필요합니까?

Do I need a deposit?

두 아이 니더 디파짓?

보증금은 얼마입니까?

How much is the deposit?

하우 머치즈 더 디파짓?

1주간 요금은 얼마입니까?

What's the rate per week?

왓츠 더 레잇 퍼 윅?

특별요금은 있습니까?

Do you have any special rates?

두 유 해버니 스페셜 레이츠?

그 요금에 보험은 포함되어 있습니까?

Does the price include insurance?

더즈 더 프라이스 인클룻 인슈어런스?

unit 7
자동차로 이동하기

긴급연락처를 알려 주시겠어요?

Where should I call in case of an emergency?
웨어 슈다이 콜 인 케이섭 언 이머전시?

도로지도를 주시겠습니까?

Can I have a road map?
캔 아이 해버 로드 맵?

샌디에이고는 어느 길로 가면 됩니까?

Which way to San Diego?
위치 웨이 투 샌디에이고?

곧장입니까, 아니면 왼쪽입니까?

Straight? Or to the left?
스트레잇? 오어 투 더 랩트?

몬트레이까지 몇 마일입니까?

How many miles to Monterey?

하우 메니 마일즈 투 몬터레이?

차로 디즈니랜드는 어느 정도 걸립니까?

How far is it to Disneyland by car?

하우 퐈 이짓 투 디즈니랜드 바이 카?

가장 가까운 교차로는 어디입니까?

What's the nearest intersection?

왓츠 더 니어리슷 인터섹션?

이 근처에 주유소가 있습니까?

Is there a gas station near by?

이즈 데어러 게스테이션 니어 바이?

가장 가까운 주유소는 어디입니까?

Where's the nearest gas station?

웨어리스 더 니어리스트 게스 스테이션?

가득 넣어 주세요.

Fill it up, please.

필리럽, 플리즈

출입국 | 호텔 | 레스토랑 | 교통 | 관광 | 쇼핑 | 통신 | 위급상황 | 귀국

여기에 주차해도 됩니까?

Can I park my car here?

캔 아이 팍 마이 카 히어?

차가 고장났습니다.

My car won't start.

마이 카 원트 스타트

배터리가 떨어졌습니다.

The battery is dead.

더 배터리 이즈 데드

펑크가 났습니다.

I got a flat tire.

아이 가러 플랫 타이어

시동이 걸리지 않습니다.

I can't start the engine.

아이 캔ㅌ 스탓 디 엔진

브레이크가 잘 안 듣습니다.

The brakes don't work properly.

더 브레익스 돈ㅌ 워크 프라퍼리

교통수단에 관한 여행정보 Tip

버스(Bus)

미국은 동부의 대도시를 제외하고는 지하철이 보급되지 않아 버스가 많이 이용된다. 공항 안내소에서 버스 노선표를 받아 루트를 확인하고 동전이나 토큰을 미리 준비한다. 버스는 거의 모든 관광명소를 경유하므로 편리하고 목적지가 가까워지면 버스 창문 위에 있는 끈을 잡아당기면 된다.

관광버스는 짧은 시간에 편하게 주요 관광지를 여행할 수 있는 장점이 있다. 투어는 2~3시간 소요되는 것과 하루가 걸리는 코스 등 다양하며 팁은 안내원과 운전기사에게 $1~5정도를 준다. 장거리 버스여행은 그 나라의 생생한 참모습을 가까이에서 느낄 수 있다는 장점이 있다. 버스로 어디든 이동할 수 있지만 강한 체력과 인내심이 필요하다.

지하철(Subway)

버스에 비해 정차할 역을 확실히 알 수 있어 혼자 여행하는 사람들에게 가장 편리한 교통수단이다. 치안상태가 많이 좋아졌지만 밤에는 이용을 피하고 뉴욕의 지하철은 세계에서 가장 큰 규모와 복잡한 노선으로 유명하니 노선도를 미리 숙지한다. 영국의 지하철은 'Tube' 또는

'Underground'라고 부르며 우리가 알고 있는 'Subway'는 길을 건너는 지하도를 뜻합니다.
또한, 영국에서는 티켓 한가지로 버스와 지하철을 모두 이용할 수 있으며 요금은 거리에 따라 Zone으로 구분하는데 볼만한 관광지는 대부분 2 Zone 안에 있기 때문에 시내에 숙소를 정하고 2 Zone One-day Travel card(2구역 일일여행권)를 구매하는 것이 좋다.

택시(Taxi)

시내에서의 짧은 거리를 이동할 때 이용하기에 적당하다. 목적지까지 바로 간다는 것이 장점이지만 러시아워나 장거리는 요금을 많이 내야 한다. 이용 방법은 우리나라와 비슷하고 요금의 10~15%의 팁을 주는 것이 관례이다.
영국의 택시는 친절하고 안전한 서비스로 유명하지만 서비스가 좋은 만큼 요금이 비싼 편이다. 호주의 택시는 친절하고 요금도 저렴한 편이기 때문에 시내 구석구석을 돌아볼 때 좋은 교통수단이다. 호주에는 팁 문화가 없기 때문에 팁은 지불할 필요가 없다.
싱가포르의 경우는 국토가 작은 관계로 이동 거리가 짧으니 큰 돈이 들어가지 않아 택시를 많이 이용하는데 정해진 승강장에서만 서니 호텔 앞이나 대형 상가에서 찾아본다.

기차(Train)
미국의 철도는 대부분 시설이 화려하고 좌석이 넓어 편안하다. 하지만 비행기에 비해 운행 횟수가 적고 도착시간이 지연되는 경우가 있어 시간적 여유가 있는 사람에게 알맞다.

유럽은 다른 교통수단에 비해 철도가 매우 발달된 대륙으로 요금이나 편리함이 항공이나 버스를 능가할 정도이다. 횡단 열차는 온라인으로 구입하는 게 가장 저렴하고 유레일패스는 2종류가 있다.

● 유레일 글로벌 패스 - 자신이 선택한 기간만큼 횟수에 관계 없이 무제한 탑승가능한 패스로 23개국이 이용가능하다.
- 연속사용 패스는 15일, 21일, 1개월, 3개월 중 선택할 수 있다.
- 선택사용 패스는 유효기간 2개월 내에 자신이 선택한 기간만큼 횟수에 관계없이 비연속적으로 무제한 탑승가능하다.
● 유레인 셀렉트 패스 - 국경이 인접한 3, 4, 5개국만을 선택한 기간만큼 무제한 탑승 가능한 패스로 5일, 6일, 8일, 10일 선택가능하다.
유럽의 5개국 이상을 열차를 이용하여 여행할 계획이라면 글로벌 연속사용 패스가 적합하다.

렌터카(Rental Car)

국제면허증과 신용카드가 있어야 하고 운전 시 국제면허증뿐만

아니라 자신의 운전면허증과 여권을 함께 소지해야 불이익을 받지 않는다. 또한 미국에서 렌터카를 빌릴 때 규제 사항을 꼼꼼히 챙겨야 한다. 다른 주로 가는 것이 금지되어 있는 경우가 있으니 렌터카 회사에 미리 얘기한다.
미국과 캐나다, 호주는 영토가

매우 넓기 때문에 대중교통으로 장거리를 여행하기에는 엄청난 체력과 시간적 여유가 필요하다. 여러 명이 함께 여행을 한다면 렌터카를 이용하면 교통비 부담도 줄이고 여행 중에 모텔 등을 이용할 수 있기 때문에 숙박비도 절약할 수 있는 장점이 있다.

노면전차(Tram)
한국에서는 볼 수 없지만 유럽 전 지역과 러시아에서 흔히 볼 수 있는 교통수단으로 Strassenbahn이라고도 불린다.

전철의 장점인 정체가 없다는 점과 버스의 장점인 도로 위를 달리기 때문에 지루하지 않다는 장점을 모두 가지고 있다. Tram과 같은 교통수단은 인구밀도가 낮거나 인구수가 많지 않은 유럽에서나 가능한 교통수단으로 미국과 호주, 홍콩 등에서는 관광 상품으로 남아있다.

씨클로(Cyclo)
베트남 주민들의 교통수단이라기보다는 관광객들의 문화체험에 이용되고 있는 씨클로는 해외여행에서나 경험 할 수 있는 이국적인 교통수단이다.

삼륜택시(Auto rickshaw)

동남아시아의 교통수단으로 인도에서는 오토릭샤, 파키스탄에서는 릭샤, 방글라데시는 베이비 택시, 네팔에서는 템포, 인도네시아에서는 바자이, 태국과 라오스는 툭툭이라고 불린다. 주로 단거리용 교통수단으로 흥정이 필수이다.

영국과 미국에서 렌트하기 Tip

도로운전(영국)

운전 방향이 우리나라와 반대이다. 우리나라는 도로의 오른쪽 차선으로 운전을 하지만 영국은 왼쪽차선으로 운전한다. 운전대도 오른쪽에 있다.

렌트카(영국)

우선 stick 운전을 잘 한다면 atomatic보다 한 20%싸다고 보면 된다. 그리고 작은 차들은 atomatic구하기가 어렵다. 그 다음 자동차 보험이 무엇 무엇으로 되어 있는지 확인하는 것이 중요하다. 보통은 기본으로 자차보험으로 Collision Damage Waiver(CDW)를 드는데 이런 경우 100파운드까지 수리비는 본인이 내고 나머지는 보험사가 처리한다.

렌트카(미국)

미국에서 자동차를 렌트할 때는 빨리 예약할수록 저렴하나 사전에 예약을 못한 경우에는 공항내의 렌트카 카운터를 이용한다. 자동차를 픽업(pick up)할 때는 공항 밖에 있는 Car Rental Shuttle 표지판  을 찾아서 해당 회사의 셔틀버스를 이용하면 된다. 렌트카의 종류는 가장 작은 것부터 economy, compact, mid-size, full-size로 구분하며 자동차를 5일 이상 빌리면 weekly rate(주당요금)가 적용되어 같은 가격으로 7일동안 사용할 수 있다.

POINT WORDS

excuse	익스큐즈	양해를 구하다
museum	뮤지엄	박물관
near	니어	가까운
mark	마크	표시하다
lost	로스트	잃다
tourist	투어리스트	여행객
myself	마이셀프	자기 자신
route	루트	노선
change	체인쥐	거스름돈, 잔돈
transfer	트랜스퍼	갈아타다
depot	디포우	역, 터미널
again	어게인	다시
return	리턴	돌아가다
ticket machine	티킷 머쉰	자동발매기
exit	에그짓	출구

POINT WORDS

park	파크	공원
stop	스탑	서다, 정거장
next	넥스트	다음
ticket window	티킷 윈도우	매표소
reserve	리저브	예약하다
platform	플랫폼	승차장
passport	패스포트	여권
rent	렌트	빌리다
gas station	개스 스테이션	주유소
list	리스트	목록
automatic	오러매릭	자동
rate	레잇	요금
insurance	인슈어런스	보험
price	프라이스	가격
emergency	이머전시	응급

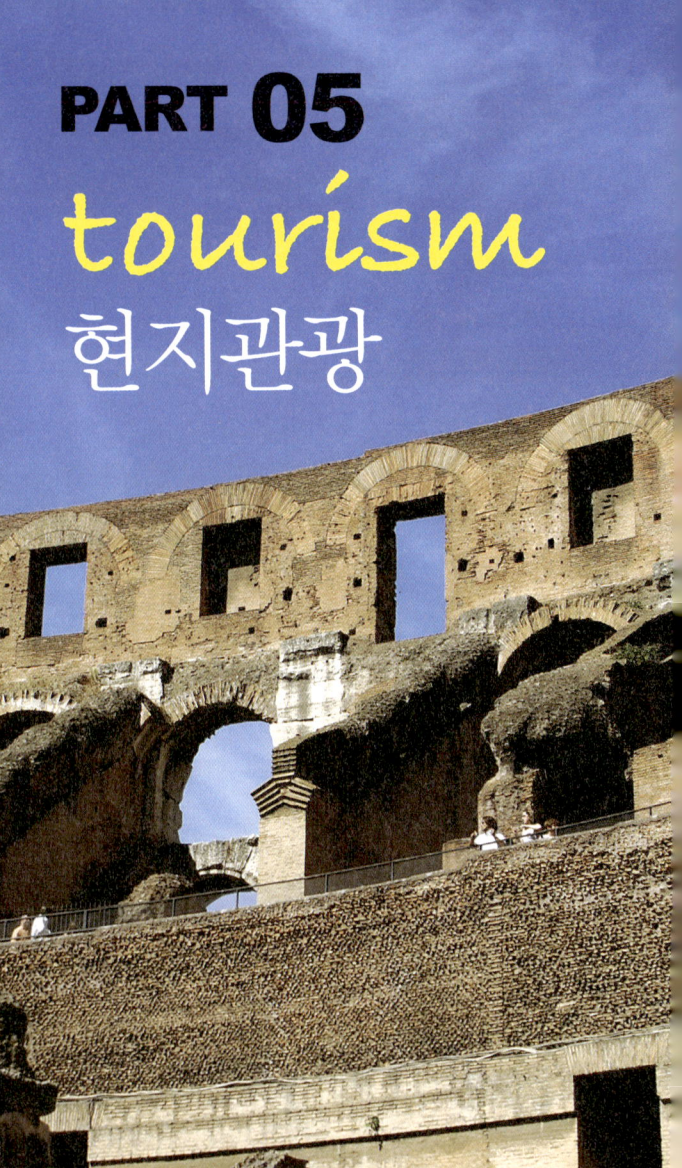

PART 05
tourism
현지관광

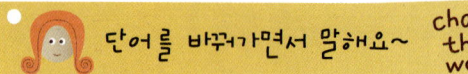

❶ 관광 안내 브로슈어가 있습니까?

Do you have a sightseeing brochure?

두 유 해버 싸잇씽 브로슈어?

brochure 대신 쓸 수 있는 단어
- guidebook 안내서
- handbook 안내서
- roadbook 안내서(길)
- pamphlet 팜플렛

❷ 경치가 좋은 곳을 아십니까?

Do you know a place with a nice view?

두 유 노우 어 플레이스 위드 어 나이스 뷰?

view 대신 쓸 수 있는 단어
- scenery 경관(지역 전체의)
- landscape 경관(육지의)
- spectacle 장관
- scene 경관(한정된)
- seascape 경관(바다의)

❸ 퍼레이드는 언제 있습니까?

What time do you have the parade?

왓 타임 두 유 해브 더 퍼레이드?

parade 대신 쓸 수 있는 단어
- performance 공연
- play 연극
- opera 오페라
- concert 콘서트
- musical 뮤지컬
- mime 무언극

❹ 그 관광은 매일 있습니까?

Do you have that tour everyday?

두 유 해브 댓 투어 애브리데이?

tour 대신 쓸 수 있는 단어
- city sightseeing 시내 관광
- night tour 야간 관광
- dinner show 디너 쇼
- program 행사
- special event 특별 행사
- festival 페스티벌

❺ 말을 타보고 싶은데요.

I'd like to try horseback riding.

아이드 라익 투 트라이 호스백 라이딩

horseback riding 대신 쓸 수 있는 단어
- ski 스키
- water skis 수상스키
- scuba diving 스쿠버 다이빙
- hang glider 행글라이더
- paragliding 패러글라이딩

❻ 초보자에게도 괜찮습니까?

Is it good for beginners?

이즈 잇 굿 포 비기너스?

beginners 대신 쓸 수 있는 단어
- advanced learners 상급자
- intermediate learners 중급자
- elementary learners 초급자
- middle class 중급
- expert 숙련자

unit 1
관광 안내소

관광안내소는 어디에 있습니까?

Where is the tourist information office?

웨어리즈 더 투어리슷 인풔메이션 어퓌스?

안녕하세요. 무엇을 도와드릴까요?

Good morning. May I help you?

굿 모닝. 메아이 헬프 유?

관광지도를 주시겠어요?

Can I have a sightseeing map?

캔 아이 해버 싸잇씽 맵?

무료 시내 지도 있습니까?

Do you have a free city map?

두 유 해버 프리 시티 맵?

이 도시의 관광안내 팸플릿이 있습니까?

Do you have a sightseeing brochure for this town?

두 유 해버 싸잇씽 브로슈어 풔 디스 타운?

한국어로 된 가이드북 있습니까?

Do you have a guidebook in Korean?

두 유 해버 가이드 북 인 코리언?

여기서 볼 만한 곳을 가르쳐 주시겠어요?

Could you recommend some interesting places?

쿠쥬 레커멘드 썸 인터리스팅 플레이시즈?

당일치기로 어디에 갈 수 있습니까?

Where can I go for a day trip?

웨어 캔 아이 고우 풔러 데이 트립?

경치가 좋은 곳을 아십니까?

Do you know a place with a nice view?

두 유 노우 어 플레이스 위더 나이스 뷰?

거기에 가려면 투어에 참가해야 합니까?

Do I have to join a tour to go there?

두 아이 해브 투 조이너 투어 투 고 데어?

다음번 그랜드 투어는 언제 입니까?

When is the next Grand Tour time?

웬이즈 더 넥스트 그랜드 투어 타임?

여기서 표를 살 수 있습니까?

Can I buy a ticket here?

캔 아이 바이 어 티켓 히어?

할인 티켓은 있나요?

Do you have some discount tickets?

두 유 해브 썸 디스카운 티켓츠?

지금 축제는 하고 있나요?

Are there any festivals now?

아 데어래니 페스티벌스 나우?

여기서 멉니까?

Is it far from here?

이짓 퐈 프럼 히어?

여기서 걸어서 갈 수 있습니까?

Can I walk down there?

캔 아이 웍 다운 데어?

왕복으로 어느 정도 시간이 걸립니까?

How long does it take to get there and back?

하우 롱 더짓 테잌 투 겟 데어 앤 백?

버스로 갈 수 있습니까?

Can I go there by bus?

캔 아이 고우 데어 바이 버스?

출입국 | 호텔 | 레스토랑 | 교통 | 관광 | 쇼핑 | 통신 | 위급상황 | 귀국

unit 2
투어로 관광하기

어떤 투어가 있습니까?

What kind of tours do you have?
왓 카인덥 투어스 두 유 해브?

관광버스 투어는 있습니까?

Is there a sightseeing bus tour?
이즈 데어러 싸잇씽 버스 투어?

투어는 매일 있습니까?

Do you have tours every day?
두 유 해브 투어즈 애브리 데이?

오전 코스는 있습니까?

Is there a morning tour?
이즈 데어러 모닝 투어?

야간관광은 있습니까?

Do you have a night tour?
두 유 해버 나잇 투어?

투어는 몇 시간 걸립니까?

How long does it take to complete the tour?
하우 롱 더짓 테잌 투 컴플릿 더 투어?

몇 시에 출발합니까?

What time do you leave?
왓 타임 두 유 리브?

어디서 출발합니까?

Where does it start?
웨어 더짓 스탓?

한국어 가이드는 있나요?

Do we have Korean-speaking guide?
두 위 해브 코리언-스피킹 가이드?

식사는 나옵니까?
Are any meals included?
아 애니 밀스 인클루딧?

여기서 얼마나 머뭅니까?
How long do we stop here?
하우 롱 두 위 스탑 히어?

시간은 어느 정도 있습니까?
How long do we have?
하우 롱 두 위 해브?

몇 시에 버스로 돌아오면 됩니까?
By what time should I be back to the bus?
바이 왓 타임 슈다이 비 백 투 더 버스?

저것은 무엇입니까?
What is that?
왓이즈 댓?

전망대는 어떻게 오릅니까?
How can I get up to the observatory?
하우 캔 아이 게럽 투 더 업저버터리?

저것은 무슨 산입니까?

What is the name of that mountain?

왓이즈 더 네임 업 댓 마운턴?

저 건물은 무엇입니까?

What is that building?

왓이즈 댓 빌딩?

누가 살았습니까?

Who lived here?

후 리븟 히어?

언제 세워졌습니까?

When was it built?

웬 워짓 빌트?

퍼레이드는 언제 있습니까?

What time do you have the parade?

왓 타임 두 유 해브 더 퍼레이드?

이 박물관의 오리지널 상품입니까?

Is it an original to this museum?

이짓 언 오리지널 투 디스 뮤지엄?

그림엽서는 있습니까?

Do you have picture postcards?

두 유 해브 픽춰 포슷카즈?

기념품 가게는 어디에 있습니까?

Where is the gift shop?

웨어리즈 더 깁트 샵?

기념품으로 인기 있는 것은 무엇입니까?

Could you recommend something popular for a souvenir?

쿠쥬 레커멘드 썸씽 파퓰러 풔러 수버니어?

뭐 먹을 만한 곳은 있습니까?

Is there a place where I can eat something?

이즈 데어러 플레이스 웨어라이 캔 잇 썸씽?

unit 3
관람티켓 구입하기

티켓은 어디서 삽니까?

Where can I buy a ticket?
웨어 캔 아이 바이어 티켓?

이 줄이 표를 사기 위해 서 있는 줄입니까?

Is this the line for buying tickets?
이즈 디스 더 라인 포 바잉 티켓?

입장료는 얼마입니까?

How much is the admission fee?
하우 머치즈 더 애드미션 피?

단체할인은 있습니까?

Do you have a group discount?
두 유 해버 그룹 디스카운?

학생 할인이 있나요?

Do you have a student reduction?

두 유 해버 스츄던트 리덕션?

어른 2장 주세요.

Two adults, please.

투 어덜츠, 플리즈

학생 1장 주세요.

One student, please.

원 스튜던, 플리즈

이 티켓으로 모든 전시를 볼 수 있습니까?

Can I see everything with this ticket?

캔 아이 씨 애브리씽 위디스 티켓?

무료 팸플릿은 있습니까?

Do you have a free brochure?

두 유 해버 프리 브로슈어?

짐을 맡아 주세요.

I'd like to check this baggage.

아이드 라잌 투 첵 디스 배기쥐

관내를 안내할 가이드는 있습니까?

Is there anyone who can guide me?

이즈 데어래니원 후 캔 가이드 미?

이 그림은 누가 그렸습니까?

Who painted this picture?

후 페인팃 디스 피춰?

그 박물관은 오늘 엽니까?

Is the museum open today?

이즈 더 뮤지엄 오픈 투데이?

재입관할 수 있습니까?

Can I reenter?

캔 아이 리엔터?

출구는 어디입니까?

Where is the exit?

웨어리즈 더 에그짓?

내부를 견학할 수 있습니까?

Can I take a look inside?

캔 아이 테이커 룩 인사이드?

오늘밤에는 무엇을 상영합니까?

What's on tonight?

왓츤 투나잇?

누가 출연합니까?

Who appears on it?

후 어피어즈 온 잇?

재미있습니까?

Is it good?

이짓 굿?

뮤지컬을 보고 싶은데요.

We'd like to see a musical.

위드 라잌 투 씨 어 뮤지컬

이번 주 클래식 콘서트는 없습니까?

Are there any classical concerts this week?

아 데어래니 클래시컬 컨서츠 디스 웤?

오늘 표는 아직 있습니까?

Are today's tickets still available?

아 투데이즈 티켓츠 스틸 어붸일러블?

몇 시에 시작됩니까?

What time does it start?

왓 타임 더짓 스탓?

내일 밤 표 2장 주세요.

Two for tomorrow night, please.

투 풔 터머로우 나잇, 플리즈

가장 싼 자리는 얼마입니까?

How much is the cheapest seat?

하우 머치즈 더 칩피슷 씻?

가장 좋은 자리를 주세요.

I'd like the best seats.

아이드 라잌 더 베슷 씻츠

출입국 | 호텔 | 레스토랑 | 교통 | 관광 | 쇼핑 | 통신 | 위급상황 | 귀국

unit 4
기억에 남는 사진촬영

여기서 사진을 찍어도 됩니까?

May I take a picture here?
메아이 테이커 픽쳐 히어?

여기서 플래시를 터뜨려도 됩니까?

May I use a flash here?
메아이 유저 플래쉬 히어?

비디오 촬영을 해도 됩니까?

May I take a video?
메아이 테이커 뷔디오?

사진 좀 찍어주시겠습니까?

Would you mind taking a picture of us?
우쥬 마인드 테이킹어 픽쳐 어브 어스?

당신 사진을 찍어도 되겠습니까?

May I take your picture?

메아이 테큐어 픽춰?

함께 사진을 찍으시겠습니까?

Would you take a picture with me?

우쥬 테이커 픽춰 위드 미?

제 사진을 찍어 주시겠어요?

Would you take a picture of me?

우쥬 테이커 픽쳐 업 미?

여기서 우리들을 찍어 주시겠어요?

Please take a picture of us from here?

플리즈 테이커 픽춰럽 어스 프럼 히어?

한 장 더 부탁합니다.

One more, please.

원 모어, 플리즈

나중에 사진을 보내드리겠습니다.

I'll send you the picture.

아윌 샌듀 더 픽춰

출입국 | 호텔 | 레스토랑 | 교통 | 관광 | 쇼핑 | 통신 | 위급상황 | 귀국

주소를 여기서 적어 주시겠어요?

Could you write your address down here?

쿠쥬 롸이츄어 어드레스 다운 히어?

건전지는 어디서 살 수 있나요?

Where can I buy a battery?

웨어 캔 아이 바이 어 배터리?

이것을 현상해 주시겠어요?

Could you develop this film?

쿠쥬 디벨럽 디스 필름?

인화를 해 주시겠어요?

Could you make copies of this picture?

쿠쥬 메일 카피즈 업 디스 픽춰?

언제 됩니까?

When can I have it done by?

웬 캔 아이 해빗 던 바이?

unit 5 재미난 흥밋거리

좋은 나이트클럽은 있나요?

Do you know of a good nightclub?

두 유 노우 어붜 굿 나잇클럽?

디너쇼를 보고 싶은데요.

I want to see a dinner show.

아이 원 투 씨 어 디너 쇼우

근처에 디스코텍은 있습니까?

Are there any discos around here?

아 데어 애니 디스코스 어롸운 히어?

함께 춤추시겠어요?

Will you dance with me?

윌 유 댄스 위드 미?

젊은 사람이 많습니까?

Are there many young people?

아 데어 메니 영 피플?

여기서 한 잔 안 할래요?

Would you like to drink with us?

우쥬 라익 투 드링 위드 어스?

어서 오십시오. 몇 분이십니까?

Good evening. How many?

굿 이브닝. 하우 메니?

무엇을 드시겠습니까?

What would you like to drink?

왓 우쥬 라익 투 드링?

이건 무슨 쇼입니까?

What kind of show is this?

왓 카인덥 쇼우 이즈 디스?

무대 근처 자리로 주시겠어요?

Can I have a table near the stage, please?

캔아이 해버 테이블 니어 더 스테이지, 플리즈

카지노는 몇 시부터 합니까?

What time does the casino open?

왓 타임 더즈 더 카지노 오픈?

좋은 카지노를 소개해 주시겠어요?

Could you recommend a good casino?

쿠쥬 레커멘더 굿 카지노?

칩은 어디서 바꿉니까?

Where can I get chips?

웨어 캔아이 겟 칩스?

현금으로 주세요.

Cash, please.

캐쉬, 플리즈

맞았다! / 이겼다!

Jackpot! / Bingo!

잭폿! / 빙고!

unit 6
레저를 즐길때

테니스를 하고 싶은데요.
We'd like to play tennis.
위드 라잌 투 플레이 테니스

골프 예약을 부탁합니다.
Can I make a reservation for golf?
캔 아이 메이커 레저베이션 풔 골프?

오늘 플레이할 수 있습니까?
Can we play today?
캔 위 플레이 투데이?

그린피는 얼마입니까?
How much is the green fee?
하우 머치즈 더 그린 피?

이 호텔에 테니스 코트는 있습니까?

Do you have a tennis court in the hotel?

두 유 해버 테니스 코웃 인 더 호텔?

스키를 타고 싶은데요.

I'd like to ski.

아이드 라익 투 스키

스키 레슨을 받고 싶은데요.

I'd like to take ski lessons.

아이드 라익 투 테익 스키 레슨스

스키용품은 어디서 빌릴 수 있나요?

Where can I rent ski equipment?

웨어 캔 아이 렌트 스키 이큅먼?

짐은 어디에 보관하나요?

Where's the checkroom?

웨어즈 더 첵룸?

리프트 승강장은 어디인가요?

Where can I get on a ski lift?

웨어 캔 아이 겟 론 어 스키 리프트?

말을 타 보고 싶은데요.

I'd like to try horseback riding.

아이드 라잌 투 트라이 호스백 라이딩

초보자도 괜찮습니까?

Is it safe for beginners?

이짓 세잎 풔 비기너스?

코스는 어디입니까?

Where's the course?

웨어즈 더 코스?

1시간에 얼마입니까?

How much for an hour?

하우 머취 풔런 아워?

세계 초특급 관광 정보 Tip

유네스코 세계문화유산

인류전체를 위해 보호되어야 할 보편적 가치가 인정되는 세계유산을 소개한다.

폴란드의 비엘리치카 소금광산

13세기부터 채굴이 시작되어 17세기부터 소금 채굴량이 줄면서 소금광산으로서의 의미는 퇴색되었으나 문화적 가치를 인정받는 이유는 광산노동자들이 채굴 뒤 남은 공간을 다양한 용도로 활용하면서 놀라운 예술작품들로 남겼기 때문이다. 지상의 것과 다를 것이 없는 예배당과 운동장, 소금박물관은 물론 1964년에는 지하 211m 지점에 호흡기 환자들을 위한 요양원도 들어섰다.

프랑스의 베르사유 궁전

베르사유는 본래 루이 13세가 사냥을 위해 머물던 여름 별장으로 건축이 적당하지 않은 늪지대였다. 유럽을 압도할 새로운 궁전이 필요했던 루이 14세는 늪지대였던 베르사유를 선택했다.

루이 16세와 마리 앙투아네트가 처형되기 전까지 베르사유는 프랑스 정치와 문화의 중심지 역할을 했으며 베르사유에서 프랑스 왕조는 막을 내린다. 파리 최고의 인기 관광지인 베르사유는 궁전을 비롯해 넓은 정원과 별궁, 마리 앙투아네트 마을까지 모두 둘러보려면 하루 종일 걸리므로 아침 일찍 움직이는 것이 좋다.

그리스 아테네의 아크로폴리스
아크로폴리스는 높은 곳에 있는 작은 도시라는 의미로 신전의 이름이 아니라 신전을 포함한 작은 언덕 자체가 아크로폴리스다. 1천년이 넘는 오랜 기간에 걸쳐 번영해온 신화와 종교문명의 대표적 사례로 파르테논 신전, 프로필리아, 에레치씨엠 신전, 나이키 신전 등 고전시대 그리스 예술의 최대 걸작품들이 산재해 있다.

미국의 그랜드 캐니언

시공을 초월한 지구의 역사, 신이 빚은 자연의 예술품… 문명의 땅 미국에서 만날 수 있는 그랜드 캐니언을 말하는 것이다.
세계 7대 불가사의 중 하나이고 자연의 위대함과 신비로움을 고스란히 간직한 그랜드 캐니언은 계곡을 따라 트레일과 도로가 잘 정비되어 있고 자연 지형을 이용한 전망 포인트도 많다.

이탈리아의 피렌체
꽃 같은 도시라는 뜻의 플로렌스(Florence - 영어명)는 이탈리아 중부, 토스카나 지방의 수도이다. 피렌체의 역사지구는 사방

1km 밖에 안 되는 좁은 구역에 도시 전체가 아름다운 예술 작품으로 가득 차 있다. 이탈리아 최고의 미술관으로 꼽히는 우피치 미술관과 미켈란젤로 광장, 두오모, 베키오 궁전 등이 있고 큰 도시가 아니기 때문에 교통편을 이용하지 않고 도보로도 여행이 가능하다.

브라질의 이과수 국립공원

'엄청나게 큰 물'이라는 뜻의 이과수 폭포와 그 주변을 둘러싸고 있는 밀림으로 이루어진 이과수 국립공원은 브라질과 아르헨티나 국경에 걸쳐 있으며 두 나라가 공동으로 국립공원으로 지정해 인근 밀림을 보호하고 있다. 보통 오전에는 브라질 쪽에서, 오후에는 아르헨티나 쪽에서 더 좋은 경관을 볼 수 있다.

이집트의 멤피스와 네크로폴리스

이집트 왕국의 구 수도인 멤피스와 멤피스 건너편 기자에서 다슈르 지역에 흩어져 있는 동시대 유적들을 총칭한 개념이다. 바위무덤, 사원, 피라미드 등 죽은 자를 위한 기념물이 많으므로 '죽은 자의 도시'라는 뜻의 네크로폴리스라 부르며 세계 7대 불가사의 중 하나이다.

각 나라별 축제 정보 Tip

독일 - 옥토버페스트(Octoberfest)

매년 9월 셋째 주 토요일부터 10월 첫째 일요일까지 16일간 열리며 독일 국민은 물론 전 세계 관광객이 이 축제를 즐기기 위해 모여든다. 1810년에 시작된 이 축제는 세계 3대 축제 중 하나로 전통과 규모면에서 최고라 할 수 있다. 가장행렬과 맥주마시기, 음악제가 열리며 이국에서의 새로운 분위기를 느낄 수 있다.

프랑스 - 칸 국제 영화제(Cannes International Film Festival)

프랑스 남부 휴양 도시 칸(cannes)에서 매년 5월에 열리는 국제 영화제로 세계 3대 영화제 중 하나이다. 칸영화제는 영화의 예술적인 수준과 상업적 효과의 균형을 잘 맞춤으로써 세계 영화의 만남의 장으로서 명성을 얻게 되었다. 또한 영화 상영 외에도 토론회 · 트리뷰트 · 회고전 등 많은 문화예술 행사를 병행하고 있다.

이탈리아 - 베네치아 카니발(Venezia Carnival)

물의 도시 베네치아에서 열리는 이탈리아 최대 카니발. 1268년에 처음 시작되었으며 사순절의 2주 전부터 열린다. 화려한 패션과 다양한 가면을 구경할 수 있는 가면축제로 이 행사의 백미는 가면을 쓰고 자신을 숨긴 상태에서 축제를 즐길 수 있다는 점이다. 축제 기간 곳곳에서 연극공연, 공중 곡예 서커스 등이 진행된다.

스페인 - 라토마티나(La Tomatina)
토마토 축제로 잘 알려져 있으며 60년의 전통을 자랑하며 약 120톤의 토마토를 거리에 쏟아 놓고 마을 주민과 관광객들이 토마토를 서로에게 던지며 즐기는 축제로 거리는 토마토로 강을 이룬다. 토마토 축제가 열리는 일주일 동안 불꽃놀이와 공연, 음식 축제 등도 함께 열리며 세계에서 가장 많은 축제가 열린다는 스페인에서도 단연 손꼽히는 축제이다.

브라질 - 리우 카니발(Rio carnival)

삼바 축제로 매년 2월 말부터 3월 초 사이에 4일간 축제가 열리는데 이때는 토요일 밤부터 수요일 새벽까지 밤낮을 가리지 않고 축제가 열린다. 해마다 리우 카니발이 열릴 때면 전 세계에서 약 6만 명의 관광객이 찾아오고, 브라질 국내 관광객도 25만여 명에 이른다. 브라질을 찾는 전체 관광객의 3분의 1에 해당되는 사람들이 리우 카니발이 열리는 시기에 맞춰서 온다. 세계 3대 축제 중 하나로 꼽힌다.

태국 - 송끄란축제(Songkran Festival)
타이를 대표하는 문화 축제로 '물의 축제' 라고도 하며 매년 4월 13일부터 15일까지 3일간 타이 주요도시에서 열린다. 송끄란축제 행사 가운데 가장 유명한 것은 지나가는 행인들에게 물을 뿌리는 것이다. 물뿌리기는 불교국가 타이에서 부처의 축복을 기원하기 위해 불상을 청소하는 행위에서 유래하였다. 축제에 참여한 모든 사람들을 축복한다는 뜻으로 서로에게 물을 뿌리는데 특히 관광객들에게 인기가 높다.

POINT WORDS

information	인풔메이션	정보
sightseeing	싸잇씽	관광
interesting	인터레스팅	흥미있는
join	조인	참가하다
discount	디스카운트	할인
festival	페스티벌	축제
everyday	에브리데이	매일
complete	컴플리트	끝내다
guide	가이드	인도자
mountain	마운튼	산
observatory	업저버터리	전망대
building	빌딩	건물
live	리브	살다
parade	퍼레어드	행진
picture	픽춰	사진, 그림

POINT WORDS

postcard	포스트카드	엽서
souvenir	수버니어	기념품
original	오리지널	원래의
admission	어드미션	입장
fee	피	요금
adult	어덜트	어른
student	스튜던	학생
group	그룹	단체
paint	페인트	그리다
reenter	리엔터	재입장
inside	인사이드	내부
appear	어피어	나타나다, 등장하다
musical	뮤지컬	뮤지컬
classical	클래시컬	고전적인
reduction	리덕션	할인

PART 06
shopping
쇼핑

단어를 바꿔가면서 말해요~ change the word

❶ 어디에서 기념품을 살 수 있습니까?

Where can I buy some souvenirs?

웨어 캔 아이 바이 썸 수버니어스?

souvenir 대신 쓸 수 있는 단어

- **gift** 선물
- **flowers** 꽃
- **clothing** 의류
- **toy** 장난감
- **cake** 케익
- **traveling bag** 여행가방

❷ 블라우스를 찾고 있습니다.

I'm looking for blouse.

아임 룩킹 풔러 블라우스

blouse 대신 쓸 수 있는 단어

- **men's wear** 남성의류
- **skirt** 치마
- **formal dress** 정장
- **shirt** 셔츠
- **casual** 캐쥬얼 의류
- **pajama** 잠옷

❸ 샤넬은 있습니까?

Do you have Chanel?

두 유 해브 샤넬?

Chanel 대신 쓸 수 있는 단어

- **Lanvin** 랑방
- **Versace** 베르사체
- **Nina Ricci** 니나리찌
- **Bvlgari** 불가리
- **Gucci** 구찌
- **Moschino** 모스키노

❹ 아내에게 선물 할 것을 찾고 있습니다.

I'm looking for something for my wife.

아임 룩킹 풔 썸씽 풔 마이 와이프

wife 대신 쓸수 있는 단어

- son 아들
- brother 남동생
- cousin 사촌
- daughter 딸
- sister 여동생
- grandmother 할머니

❺ 면으로 된 것이 필요한데요.

I'd like something in cotton.

아이드 라잌 썸씽 인 카튼

cotton 대신 쓸수 있는 단어

- silk 실크
- linen 아마포
- denim 면포
- polyester 폴리에스터
- rayon 인조견
- nylon 나이론

❻ 이 색은 좋아하지 않습니다.

I don't like this color.

아이 돈ㅌ 라잌 디스 컬러

color 대신 쓸수 있는 단어

- style 스타일
- quality 품질
- figure 모양
- design 디자인
- pattern 무늬
- brand 브랜드

unit 1
쇼핑샵 찾아가기

이 도시의 쇼핑가는 어디에 있습니까?

Where is the shopping area in this town?

웨어즈 더 샤핑 에리어 인 디스 타운?

쇼핑 가이드는 있나요?

Do you have a shopping guide?

두 유 해버 쇼핑 가이드?

이 주변에 백화점은 있습니까?

Is there a department store around here?

이즈 데어러 디파터먼 스토어 어롸운 히어?

세일은 어디서 하고 있습니까?

Who's having a sale?
후즈 해빙 어 세일?

가장 가까운 식료품점은 어디에 있습니까?

Where's the nearest grocery store?
웨어즈 더 니어리슷 그로우서리 스토어?

근처에 24시간 슈퍼마켓이 있나요?

Is there any 24-hour supermarket near here?
이즈 데얼 애니 트웨니포 아워 수퍼마켓 니어 히어?

선물은 어디서 살 수 있습니까?

Where can I buy some souvenirs?
웨어 캔 아이 바이 썸 수버니어즈?

면세점은 있습니까?

Is there a duty-free shop?
이즈 데어러 듀티-프리 샵?

출입국 | 호텔 | 레스토랑 | 교통 | 관광 | **쇼핑** | 통신 | 위급상황 | 귀국

241

편의점을 찾고 있습니다.

I'm looking for a convenience store.

아임 룩킹 풔러 컨뷔니언스 스토어

그건 어디서 살 수 있나요?

Where can I buy it?

웨어 캔 아이 바이 잇?

그 가게는 오늘 열려 있습니까?

Is that shop open today?

이즈 댓 샵 오픈 투데이?

여기서 멉니까?

Is that far from here?

이즈 댓 퐈 프럼 히어?

몇 시에 문을 엽니까?

What time do you open?

왓 타임 두 유 오픈?

영업시간은 몇 시부터 몇 시까지입니까?

What are your business hours?

왓아유어 비즈니스 아워즈?

unit 2 원하는 물건찾기

(점원) 어서 오십시오.
What can I do for you?
왓 캔 아이 두 풔 유?

무얼 찾으십니까?
May I help you?
메아이 핼퓨?

그냥 보고 있을 뿐입니다.
I'm just looking.
아임 저슷 룩킹

필요한 것이 있으면 말씀하십시오.
If you need any help, let me know.
이퓨 니드 애니 핼프, 렛 미 노우

여기 잠깐 봐 주시겠어요?

Hello. Can you help me?
헬로. 캔 유 헬프 미?

블라우스를 찾고 있습니다.

I'm looking for a blouse.
아임 룩킹 풔러 블라우스

코트를 찾고 있습니다.

I'm looking for a coat.
아임 룩킹 풔러 코트

운동화를 사고 싶은데요.

I want a pair of sneakers.
아이 원트 어 페어 오브 스니커스

아내에게 선물할 것을 찾고 있습니다.

I'm looking for something for my wife.
아임 룩킹 풔 썸씽 풔 마이 와입

캐주얼한 것을 찾고 있습니다.

I'd like something casual.
아이드 라익 썸씽 캐주얼

선물로 적당한 것은 없습니까?

Could you recommend something good for a souvenir?

쿠쥬 레커멘 썸씽 굿 풔러 수버니어?

샤넬은 있습니까?

Do you have Chanel?

두 유 해브 샤넬?

저걸 보여 주시겠어요?

Would you show me that one?

우쥬 쇼우 미 댓 원?

면으로 된 것이 필요한데요.

I'd like something in cotton.

아이드 라잌 썸씽 인 카턴

이것과 같은 것은 있습니까?

Do you have any more like this?

두 유 해버니 모어 라잌 디스?

이것뿐입니까?

Is this all?

이즈 디스 올?

이것 6호는 있습니까?

Do you have this in size six?
두 유 해브 디씬 싸이즈 씩스?

이걸 만져도 됩니까?

May I touch this?
메아이 터치 디쓰?

30세 정도의 남자에게는 뭐가 좋을까요?

What do you suggest for a thirty-year-old man?
왓 두 유 석제슛 풔러 써리-이어-올드 맨?

그걸 봐도 될까요?

May I see it?
메아이 씨 잇?

몇 개 보여 주세요.

Could you show me some?
쿠쥬 쇼우 미 썸

다른 것을 보여 주시겠어요?

Can you show me another one?
캔 유 쇼우 미 어나더 원?

더 품질이 좋은 것은 없습니까?

Do you have anything of better quality?

두 유 해브 애니씽 업 배러 퀄러티?

마음에 든 것이 없습니다.

Nothing for me.

낫씽 풔 미

잠깐 다른 것을 보겠습니다.

I'll try somewhere else.

아일 트라이 썸웨어 엘스

unit 3
색상과 디자인

무슨 색이 있습니까?

What kind of colors do you have?

왓 카인업 컬러스 두 유 해브?

빨간 것은 있습니까?

Do you have a red one?

두 유 해버 레드 원?

너무 화려(수수)합니다.

This is too flashy(plain).

디씨즈 투 플래쉬(플레인)

더 화려한 것은 있습니까?

Do you have a flashier one?

두 유 해버 플래쉬어 원?

이 색은 좋아하지 않습니다.
I don't like this color.
아이 돈ㅌ 라잌 디스 컬러

다른 스타일은 있습니까?
Do you have any other style?
두 유 해버니 아더 스타일?

어떤 디자인이 유행하고 있습니까?
What kind of style is now in fashion?
왓 카인돕 스타일 이즈 나우 인 패션?

이런 디자인은 좋아하지 않습니다.
I don't like this design.
아이 돈ㅌ 라잌 디스 디자인

다른 디자인은 있습니까?
Do you have any other design?
두 유 해버니 아더 디자인?

어떤 사이즈를 찾으십니까?
What size are you looking for?
왓 사이즈 아유 룩킹 풔?

사이즈는 이것뿐입니까?

Is this the only size you have?

이즈 디스 디 온리 사이즈 유 해브?

제 사이즈를 모르겠는데요.

I don't know my size.

아이 돈ㅌ 노우 마이 사이즈

사이즈를 재주시겠어요?

Could you measure me?

쿠쥬 메줘 미?

더 큰 것은 있습니까?

Do you have a bigger one?

두 유 해버 비거 원?

unit 4
백화점과 면세점

신사복 매장은 몇 층입니까?
What floor is men's wear on?
왓 플러리즈 맨스 웨어 온?

여성용 매장은 어디에 있습니까?
Where's the ladies' department?
웨어즈 더 레이디즈 디파터먼?

재질은 무엇입니까?
What's this made of?
왓츠 디스 메이덥?

이건 실크 100%입니까?
Is this 100%(a hundred percent) silk?
이즈 디스 어 헌드러드 퍼센 실크?

질은 괜찮습니까?

Is this good quality?

이즈 디스 굿 퀄러티?

이건 수제입니까?

Is this hand-made?

이즈 디스 핸드 메이드?

저기에 디스플레이 되어 있는 셔츠는 어디에 있습니까?

Where can I find that shirt?

웨어 캔 아이 파인드 댓 셔츠?

화장품은 어디서 살 수 있습니까?

Where do you sell cosmetics?

웨어 두 유 셀 카즈메틱스?

세일하는 물건을 찾고 있습니다.

I'm looking for some bargains.

아임 룩킹 풔 썸 바긴스

이건 세일 중입니까?

Is this on sale?

이즈 디쏜 세일?

다른 상품을 보여 주세요.

Please show me another one.

플리즈 쇼우 미 어나더 원

신상품은 어느 것입니까?

Which are brand-new items?

위치 아 브렌드 뉴 아이템즈?

손질은 어떻게 하면 됩니까?

How do you take care of this?

하우 두 유 테익 케어럽 디스?

이것은 어느 브랜드입니까?

What brand is this?

왓 브렌드 이즈 디스?

어느 브랜드가 좋겠습니까?

What brand do you suggest?

왓 브렌 두 유 서제슷?

면세점은 어디에 있습니까?

Where's a duty free shop?

웨어저 듀리 프리 샵?

출입국 호텔 레스토랑 교통 관광 쇼핑 통신 위급상황 귀국

unit 5
물건값 계산하기

이건 얼마 입니까?

How much is this?
하우 머치 이즈 디스?

이 가게에서는 면세로 살 수 있습니까?

Can I buy things duty free here?
캔 아이 바이 씽스 듀리 프리 히어?

얼마까지 면세가 됩니까?

How much duty free can I buy?
하우 머취 듀리 프리 캔 아이 바이?

예산은 어느 정도이십니까?

How much would you like to spend?
하우 머치 우쥬 라잌 투 스펜드?

제가 예산했던 것보다 비싸군요.

That's more than I wanted to spend.

댓츠 모어 댄 아이 원티드 투 스펜드

30달러로 안 되겠습니까?

To thirty dollars?

투 써티 달러즈?

계산은 어디서 합니까?

Where is the cashier?

웨어리즈 더 캐쉬어?

전부해서 얼마나 됩니까?

How much is it all together?

하우 머치즈 잇 올 터게더?

하나에 얼마입니까?

How much for one?

하우 머치 풔뤈?

세금이 포함된 가격입니까?

Does it include tax?

더짓 인클루드 텍스?

너무 비쌉니다.
It's too expensive.
잇츠 투 익스펜시브

이거 좋기는 한데, 값이 더 비싸군요.
This is better, and costs more.
디씨즈 배더, 앤 코스트 모어

생각했던 것보다 값이 비싼데요.
It costs more than I thought.
잇 코스트스 모어 댄 아이 쏘트

깎아 주시겠어요?
Can you give a discount?
캔 유 기버 디스카운?

더 싼 것은 없습니까?
Anything cheaper?
애니씽 취퍼?

깎아주면 사겠습니다.
If you discount I'll buy.
이퓨 디스카운 아일 바이

값은 깍지 마세요, 정찰제입니다.

We do not bargain. Our prices are fixed.

위 두 낫 바긴. 아워 프라이시즈 알 픽스트

이미 인하된 가격입니다.

The price's already marked down.

더 프라이시즈 얼레디 마켓 다운

현금으로 지불하면 더 싸게 됩니까?

Do you give discounts for cash?

두 유 기브 디스카운 풔 캐쉬?

얼마면 되겠습니까?

How much are you asking?

하우 머취 아 유 애스킹?

이걸로 하겠습니다.

I'll take this.

아일 테익 디스

지불은 어떻게 하시겠습니까?

How would you like to pay?

하우 우쥬 라익 투 페이?

카드도 됩니까?
May I use a credit card?
메아이 유저 크레딧 카드?

이것을 현금으로 하실 겁니까, 카드로 하실 겁니까?
Will this be cash or charge?
윌 디스 비 캐쉬 오어 차지?

여행자수표도 받나요?
Can I use traveler's checks?
캔아이 유즈 트레벌러즈 첵스?

예약할부제가 있나요?
Do you have a layaway plan?
두유 해브 어 레이웨이 플랜?

영수증을 주시겠어요?
Could I have a receipt?
쿠다이 해버 리씻?

여기 영수증 받으세요.
Here's the receipt.
히어즈 더 리씻

혹시 계산이 틀리지 않았습니까?

Isn't there a mistake in the bill?

이즌ㅌ 데어러 미스테이크 인더 빌?

거스름돈이 틀립니다.

You gave me the wrong change.

유 게이브 미 더 롱 췌인지

거스름돈이 모자라는 것 같군요.

I think I was shortchanged.

아이 씽 아이 워즈 숏체인쥐

거스름돈을 더 주셨습니다.

You gave me too much change.

유 게브미 투 머취 체인지

unit 6
포장과 배송하기

이걸 선물용으로 포장해 주시겠어요?
Can you gift-wrap this?
캔 유 깁트 랩 디스?

봉지를 주시겠어요?
Could I have a bag?
쿠다이 해버 백?

봉지에 넣기만 하면 됩니다.
Just put it in a bag, please.
저슷 푸릿 인 어 백, 플리즈

따로따로 포장해 주세요.
Please wrap them separately.
플리즈 랩 뎀 세퍼레이틀리

이거 넣을 박스 좀 얻을 수 있나요?

Is it possible to get a box for this?

이짓 파써블 투 게러 박스 풔 디스?

이걸 ○○ 호텔까지 갖다 주시겠어요?

Could you send this to ○○ Hotel?

쿠쥬 샌드 디스 투 ○○호텔?

배달해 주시겠습니까?

Can I have it delivered?

캔 아이 해빗 딜리버드?

오늘 중으로 배달해 주었으면 하는데요.

I'd like to have it today.

아이드 라잌 투 해빗 투데이

언제 배달해 주시겠습니까?

When would it arrive?

웬 우딧 어라이브?

별도로 요금이 듭니까?

Is there an extra charge for that?

이즈 데어런 엑스트러 챠지 풔 댓?

출입국 | 호텔 | 레스토랑 | 교통 | 관광 | 쇼핑 | 통신 | 위급상황 | 귀국

261

이 주소로 보내 주세요.

Please send it to this address.

플리즈 샌딧 투 디스 어드레스

이 가게에서 한국으로 발송해 주시겠어요?

Could you send this to Korea from here?

쿠쥬 샌드 디스 투 코리어 프럼 히어?

한국 제 주소로 보내 주시겠어요?

Could you send it to my address in Korea?

쿠쥬 샌딧 투 마이 어드레스 인 코리어?

항공편으로 얼마나 듭니까?

How much does it cost by air mail?

하우 머치 더짓 코슷 바이 에어 메일?

항공편으로 부탁합니다.

By airmail, please.

바이 에어 메일, 플리즈

unit 7
반품과 환불요청

출입국 | 호텔 | 레스토랑 | 교통 | 관광 | **쇼핑** | 통신 | 위급상황 | 귀국

구입할 때 망가져 있었습니까?

Was it broken when you bought it?

워짓 브로큰 웬 유 보우팃?

샀을 때는 몰랐습니다.

I didn't notice it when I bought it.

아이 디든ㅌ 노튀스 잇 웨나이 보우팃

사이즈가 안 맞았어요.

This size doesn't fit me.

디스 사이즈 더즌ㅌ 핏 미

다른 것으로 바꿔 주시겠어요?

Can I exchange it for another one?

캔 아이 익스체인쥐 잇 풔 어나더 원?

새 것으로 바꿔드리겠습니다.
I'll get you a new one.
아일 겟츄어 뉴 원

아직 쓰지 않았습니다.
I haven't used it at all.
아이 해븐ㅌ 유스팃 앳 올

반품하고 싶은데요.
I'd like to return this.
아이드 라잌 투 리턴 디스

가짜가 하나 섞여 있었습니다.
I found a fake included.
아이 파운더 페이크 인클루딧

영수증 가지고 계신가요?
Do you have a receipt with you?
두 유 해버 리십트 위쥬?

영수증은 여기 있습니다.
Here is a receipt.
히어리저 리싯

어제 샀습니다.

I bought it yesterday.

아이 보우팃 예스터데이

이걸 환불해 주실 수 있겠습니까?

May I get a refund on this, please?

메이 아이 게러 리펀드 온 디스 플리즈?

환불해 주시겠어요?

Can I have a refund?

캔 아이 해버 리펀드?

산 물건하고 다릅니다.

This is different from what I bought.

디씨즈 디풔런 프럼 왓아이 보웃

대금은 이미 지불했습니다.

I already paid.

아이 올레디 페이드

수리해주던지 환불해 주시겠어요?

Could you fix it or give me a refund?

쿠쥬 픽싯 오어 깁 미 어 리퓐드?

나라별 쇼핑 여행 정보 Tip

택스 리펀드(Tax Refund)

여행을 위해 방문한 국가에서 구입한 물품을 현지에서 사용하지 않고 자국으로 가져간다는 조건으로 여행 중에 구입한 물건에 붙은 부가 가치세를 환급해 주는 제도이다. 택스 프리(Tax Free Shop) 가맹된 상점에서 일정 금액 이상을 구매 했을 경우에 해당
되며 유럽의 EU국가, 스위스, 싱가포르, 캐나다 등에서 시행한다.

미국

'쇼핑의 천국'이라 불릴 정도로 명품 브랜드에서 싸구려 티셔츠까지 원하는 가격대에 맞추어 쇼핑할 수 있다.
11월 추수감사절(Thanks giving day)이후부터 연말까지는 거의 세일이 계속된다. 세일은 재고 처리 목적이니 시간이 지날수록 할인율이 높아지지만 인기 있는 아이템은 빨리 소진되므로 빨리 구입한다. 미국 브랜드는 한국보다 훨씬 싸게 구입할 수 있는 장점이 있으나 전자 제품의 경우 A/S나 전압 등을 고려하여 구입한다. 미국은 주(州)마다 세금이 다르므로 잘 비교하여 구입하고 고가의 제품을 구입할 계획이라면 세금이 낮은 주에서 구입한다.

영국

바겐세일은 1년에 2번 있는데 여름에는 6월 말부터 7월까지 겨울에는 크리스마스 이후부터 1월 말까지로 할인율이 높은 편이다. 온갖 종류의 브랜드가 다 있으며 상점과 백화점의 영업시간은 보통 9:00~17:00(월~토)로 휴일과 일요일은 대개 문을 닫는다.

이탈리아

고급 의류, 가죽제품, 도자기 등이 유명하다. 가격이 비싸기는 하지만 품질이나 디자인면에서 만족할 만하다. 1월말~2월말과 7월~8월까지의 바겐세일을 이용하면 30~50% 정도 싸게 구입할 수 있다. 이탈리아 사람들은 가게에 들어가 이것저것 뒤져보는 것을 별로 좋아하지 않는 편이므로 주의한다.

독일

세계적으로 유명한 주방용품, 가죽제품, 카메라와 도자기 등을 구입할 수 있다. 가격이 비싸지만 품질이 뛰어나고 국내에서 구입하는 것에 비해 가격이 저렴하고 OEM제품보다 품질이 좋다.

나라별 신발 사이즈 Tip

신발사이즈

한국	미국(남)	미국(여)	일본	유럽(남)	유럽(여)	영국(남)	유럽(여)
210	-	4	21	-	34	-	2
220	-	5	22	-	35.5	-	3
230	5	6	23	36.5	36	4.5	4
240	6.5	7.5	24	38	37.5	6	5.5
250	7.5	8.5	25	39	38.5	7	6.5
260	9	10	26	41	40	8.5	8
270	10	11	27	43	42	9.5	9
280	11	12	28	45	43	10.5	9.5
290	12	13	29	46	44	11.5	10

나라별 옷 사이즈 Tip

옷사이즈

남자	한국 (여)	미국 (여)	일본 (여)	영국 (여)	프랑스 (여)	이탈리아	유럽 (여)
XS	44(85)	2	44	4-6	34	80	34
S	55(90)	4	55	8-10	36	90	36
M	66(95)	6	66	10-12	38	95	38
L	77(100)	8	77	16-18	40,42	100	40
XL	88(105)	10	88L	20-22	44,46,48	105	42
XXL	110	12	-	-	50,52,54	110	44

여자	한국 (남)	미국 (남)	일본 (남)	영국 (남)	프랑스 (남)		유럽 (남)
XS	85	85-90	S, 36	0	40		44~46
S	90	90-95	M, 38	1	42,44		46
M	95	95-100	L, 40	2	46,48		48
L	100	100-105	LL, XL, 42	3	50,52		50
XL	105	105-110	- 44	4	54,56,58		52
XXL	110	110~	- 46	5	60,62		54

POINT WORDS

area	에어리어	지역
duty - free	듀티프리	면세
grocery	그로우서리	식료품점
look for	룩 풔	~을 찾다
convenience	컨비니언스	편리
sale	세일	할인판매
business	비즈니스	사업
touch	터치	만지다
blouse	블라우스	블라우스
sneakers	스니커즈	운동화
wife	와이프	부인
casual	캐주얼	편한
cotton	카튼	면
suggest	서제슷	제안하다
better	베러	더 나은

POINT WORDS

quality	퀄러티	품질
flashy	플래쉬	화려한
plain	플레인	수수한
style	스타일	스타일
design	디자인	디자인
similar	시밀러	유사한
measure	메줘	재다
bigger	비거	더 큰
floor	플로어	층, 바닥
wear	웨어	의류, 입다
lady	레이디	숙녀
made of	메이드 오브	~으로 만들어지다
made in	메이드 인	~에서 만들어지다
silk	실크	비단
hand - made	핸드메이드	수제품

문장을 바꿔가면서 말해요~ change the word

① 여보세요, 톰 좀 바꿔 주세요.

May I speak to Tom?

메이 아이 스피크 투 탐?

위의 표현 대신 쓸 수 있는 문장
- Can I speak to Tom?
- Could I speak to Tom?
- May I that to Tom?

② 접니다.

This is he.

디스 이즈 히

위의 표현 대신 쓸 수 있는 문장
- This is Tom speaking.
- Speaking

③ (전화를 거신 분은) 누구십니까?

Who's calling, please?

후즈 콜링 플리즈?

위의 표현 대신 쓸 수 있는 문장
- Who is this speaking?
- May I ask who's calling?
- Who's this, please?

❹ (끊지 말고 잠깐만) 기다리십시오.

Hold on, please.

홀드 온, 플리즈

위의 표현 대신 쓸 수 있는 문장

- Hold on a second.
- Hold on a minute.
- Hold the line, please.

❺ 메세지를 남기시겠습니까?

Would you like to leave a message?

우쥬 라잌 투 리이브 어 메시지?

위의 표현 대신 쓸 수 있는 문장

- Will you leave a message?
- Can I take a message?
- Is there any message?

❻ 제가 전화를 잘못 걸었습니다.

I must have the wrong number.

아이 머스트 해브 더 롱 넘버

위의 표현 대신 쓸 수 있는 문장

- I dialed the wrong number.
- I've dialed the wrong number.
- I'm sorry. I called the wrong number.

unit 1
전화걸기와 전화받기

이 근처에 공중전화는 있습니까?

Is there a pay phone around here?

이즈 데어러 페이 폰 어롸운 히어?

전화를 사용해도 될까요?

May I use your phone?

메아이 유주 유어 폰?

얼마 넣습니까?

How much do I put in?

하우 머치 두 아이 푸린?

이 전화기 쓰는 법 좀 알려주실래요?

Will you tell me how to make a call from this phone?

윌 유 텔 미 하우투 메이커 콜 프롬 디스 폰?

이 전화로 시외전화를 할 수 있나요?

Can I make a long-distance call from this phone?

캔 아이 메이커 롱 디스턴스 콜 프럼 디스 폰?

시내 전화는 어떻게 하나요?

How can I make a local call from this phone?

하우 캔 아이 메이커 로컬 콜 프럼 디스 폰?

교환은 몇 번으로 해야하나요?

What number should I dial to get the operator?

왓 넘버 슈다이 다이얼 투 겟더 오퍼레이터?

전화카드를 주시겠어요?

Can I have a telephone card?

캔 아이 해버 텔러폰 카드?

이 전화로 한국에 걸 수 있나요?

Can I make a call to Korea on this phone?

캔 아이 메이커 콜 투 코리아 온 디스 폰?

한국으로 전화를 하려면 어떻게 하면 됩니까?

What should I do to call to Korea?

왓 슈다이 두 투 콜 투 코리어?

한국으로 국제전화를 부탁합니다.

I'd like to make a call to Korea, please.

아이드 라잌 투 메이커 콜 투 코리어, 플리즈

한국으로 컬렉트콜로 걸고 싶은데요.

I need to make a collect call to Korea.

아이 니 투 메이커 컬렉 콜 투 코리어

뉴욕의 지역번호는 몇 번입니까?

What's the area code for New York?

왓츠 디 에어리어 코드 풔 뉴욕?

여보세요, 스위스그랜드 호텔이지요?

Hello, is this the Swiss Grand Hotel?

헬로, 이즈 디스 더 스위스 그랜드 호텔?

내선 28번으로 돌려주세요.

Extension 28(twenty-eight), please.

익스텐션 트웨니 에잇, 플리즈

누구와 통화하시려고 합니까?

Who do you wish to talk to?

후 두 유 위시 투 톡 투?

누구에게 전화하셨습니까?

Who are you calling?

후 알 유 콜링?

스미스 씨를 부탁합니다.

May I speak to Mr. Smith?

메아이 스픽 투 미스터 스미스?

브래드와 통화하고 싶습니다.

I'd like to speak with Mr. Brad.

아이드 라익 투 스피크 위드 미스터 브래드

여보세요, 존슨씨입니까?

Hello. Is this Mr. Johnson?

헬로우. 이즈 디스 미스터 쟌슨?

그가 있는 곳에 연락이 되겠습니까?

Can I contact with him where he is?

캔아이 칸텍트 위드 힘 웨어 히 이즈?

잠시 기다려 주시겠습니까?

Would you like to hold?

우쥬 라익 투 홀드?

나중에 제가 다시 걸게요.

Can I call you back later?

캔아이 콜 유 백 래이터?

그의 사무실로 연결해 드리겠습니다.

I'll connect you to his division.

아윌 컨넥트 유 투 히즈 디비젼

그 분은 지금 다른 전화를 받고 계십니다.

He's on another line.

히즈 온 어나더 라인

통화중입니다.

The line is busy.

더 라인 이즈 비지

전언을 부탁할 수 있습니까?

Would you take a message?

우쥬 테이커 메씨쥐?

돌아오는 대로 저에게 전화 좀 해달라고 해주세요

Please tell him to call me back as soon as he gets in.

플리즈 텔 힘 콜 미 백 애즈순 애즈 히 게츠인

좀더 천천히 말씀해 주시겠어요?

Could you speak a little slower?

쿠쥬 스피커 리틀 슬로워?

잘못 걸었습니다.

You dialed the wrong number.

유 다이얼드 더 렁 넘버

죄송합니다 잘못 걸었네요

I'm sorry. I have the wrong number.

아임 쏘리 아이 해브더 롱 넘버

전화 고마웠습니다.

Thank you for your call.

땡큐 풔 유어 콜

unit 2
우체국에서 우편 부치기

가장 가까운 우체국은 어디에 있습니까?

Where is the nearest post office?
웨어리즈 더 니어리슷 포슷 오피스?

엽서를 보내고 싶습니다.

I want to send a post card.
아이 원 투 샌더 포슷 카드

우표는 어디서 삽니까?

Where can I buy stamps?
웨어 캔아이 바이 스템스?

우체통은 어디에 있나요?

Where is the mailbox?
웨어리즈 더 메일박스?

우체국은 몇 시에 닫습니까?

What time does the post office close?

왓 타임 더즈 더 포슷 오피스 클로우즈?

이걸 한국으로 부치고 싶습니다.

I'd like to send this to Korea.

아이드 라잌 투 샌드 디스 투 코리어

이 소포를 한국으로 보내고 싶은데요.

I'd like to send this parcel to Korea.

아이드 라잌 투 샌드 디스 파쓸 투 코리어

이 우편 요금은 얼마입니까?

How much is the postage for this?

하우 머치즈 더 포우스티쥐 풔 디스?

이걸 한국으로 보내려면 얼마나 듭니까?

How much would it cost to send this to Korea?

하우 머치 우딧 코슷 투 샌 디스 투 코리어?

소포를 찾을 수 있을까요?

Can I pick up a package?
캔 아이 픽업 어 패키쥐?

속달로 보내 주세요.

Express mail, please.
익스프레스 메일, 플리즈

항공편(선편)으로 부탁합니다.

By air mail(sea mail), please.
바이 에어 메일(씨 메일), 플리즈

선편으로 며칠 정도면 한국에 도착합니까?

How long will it take by sea mail to Korea?
하우 롱 윌릿 테잌 바이 씨 메일 투 코리어?

내용물은 무엇입니까?

What's inside?
왓츠 인사이드?

개인적으로 사용하는 것입니다.

My personal items.
마이 퍼스널 아이템즈

한국에는 언제 쯤 도착합니까?

How long will it take to get to Korea?

하우 롱 윌릿 테일 투 겟 투 코리어?

수취증명서를 보내주세요.

Return receipt requested, please.

리턴 리씻 리퀘스티드, 플리즈

깨지기 쉬운 것이 들어 있습니다.

This is fragile.

디씨즈 프래절

unit 3
은행에 가서 일보기

뭘 도와 드릴까요?
Can I help you with something?
캔 아이 헬프 위듀 썸씽?

여행자 수표를 현금으로 바꾸고 싶은데요.
I'd like to cash these traveler's checks.
아이드라익 투 캐쉬 디즈 트레벌스첵스

제 계좌에서 돈을 찾고 싶은데요.
I'd like to make a withdrawal.
아이드라익 투 메이커 위드로워

여기서 환전할 수 있을까요?
Can I change some money here?
캔 아이 체인지 썸 머니 히어?

현재 환율은 얼마입니까?

What's the current exchange rate?

왓츠 더 커런트 익스체인쥐 레잇?

현금을 어떻게 드릴까요?

How would you like that.

하우 우쥬 라익 댓?

고액권으로 드릴까요, 소액권으로 드릴까요?

Large or small bills?

라지 오어 스몰 빌즈?

고액으로 주세요.

Large bills, please.

라지빌스, 플리즈

잔돈이 필요합니다.

I need some change, please.

아이 니드 체인쥐, 플리즈

출입국 | 호텔 | 레스토랑 | 교통 | 관광 | 쇼핑 | 통신 | 위급상황 | 귀국

방문 에티켓에 관한 정보 Tip

시간 약속

먼저 상대방이 편리한 시간에 약속 시간을 정하는 것이 좋다. 서양에서는 보통 병문안이나 조문 외에는 오전 중에 사교 방문을 하지 않는 것이 상식이므로 오후 4~6시 경이 적당하고 약속시간 2, 3분쯤 전에 현관에 들어서도록 한다. 만일 부득이한 사정이 생겨 시간이 늦거나 방문을 할 수 없을 때에는 꼭 미리 연락을 해야 한다.

선물

다른 집을 방문할 때 선물을 가지고 가는 것이 우리의 에티켓이라면 서양에서는 파티에 초청받아 갈 때도 선물을 준비하지 않아도 된다. 그러나 자신이 주빈으로 초청되었다면 꽃이나 부담을 주지 않을 적당한 선물을 준비하고 케이크는 보통 안주인이 준비하므로 피하는 것이 좋다.

네덜란드와 독일에서는 꽃 선물이 많은데 이때 꽃은 세 송이, 다섯 송이 등 홀수로 갖고 가는 것이 그곳의 관습이나 숫자 13은 불길하게 생각하므로 13송이는 피한다. 프랑스는 카네이션을 불길한 꽃으로 생각하고 영국과 미국에서는 백합은 선물하지 않는다.

만남

서구사회에서는 사람과 사람의 만남은 일종의 권리이자 의무이기도 하다. 특히 파티 등의 초청을 받았을 때 참석이 어려울 경우 구체적인 명분을 세워 거절해야 한다. '바쁠 것 같다' 라는 식의 거절은 상대방에게 모욕감을 주는 말이므로 삼간다. 우리나라에서는 처음 만나는 사람에게 나이, 결혼 여부 등을 물어보는 것이 자연스러운 일이지만 외국은 그렇지 않으므로 개인적인 질문은 하지 않는다.

미국에서 전화통화 사용법 Tip

시내통화

공중전화 또는 호텔에서 교환원을 통하거나 직접 거는 방법이 있다. 공중전화는 곳에 따라 기본요금이 다르고 호텔은 지정 외선 번호를 눌러 사용하면 되는데 수수료를 가산하는 호텔이 많다.

시외통화

공중전화를 이용해 시외전화를 걸 경우 다이얼 1을 누르고 지역번호와 상대방 전화번호를 연속해서 누르면 필요한 요금을 넣으라는 안내가 나온다. 요금을 넣으면 통화가 시작되는데 기본요금이 다 되면 교환원의 지시에 따라 추가요금을 넣는다. 전화 카드를 공항에서 미리 구입하면 편리하고 동전으로 거는 것보다 저렴하다.

국제전화

한국의 통신사를 이용하여 콜렉트 콜(수신자 부담 전화)을 걸거나 후불 카드를 이용할 경우, 수화기를 들고 통신사의 국가별 접속 번호를 누른 후 한국어 안내 방송에 따른다. 0번을 누르면 교환원과 연결되며 교환원에게 전화 받을 사람의 이름과 전화번호를 말해 주면 통화가 가능하다. 한국의 통신사를 이용한 전화는 직통 국제 전화보다 비용이 저렴하며 다양한 할인 혜택도 있다.

알파벳이 있는 전화번호

2번 ABC, 3번 DEF, 4번 GHI, 5번 JKL, 6번 MNO, 7번 PQRS, 8번 TUV, 9번 WXYZ라고 전화기 번호 밑에 알파벳이 쓰여 있다. 예를 들어 1-888-Book-44라면 1-888-2665-44를 누르면  된다. 이는 광고 효과도 있고 쉽게 기억하기 위한 방법이다.

우체국에서 우편물 붙이는법 Tip

편지 · 엽서

외국의 우표는 한국보다 큰 것이 많으므로 우선 우표부터 붙이고 편지를 쓴다. 우표는 우체국외에도 슈퍼마켓, 약국, 호텔로비 등에 설치된 자동판매기에서 구입할 수 있지만 수수료가 포함되어 우체국에서 구입하는 것이 경제적이다. 한국으로 보낼 경우 주소는 한글로 써도 되지만 한국행이라는 것을 알리기 위해 반드시 영어로 'To Korea'라고 쓴다. 항공편인 경우 'Air Mail', 배편인 경우는 'Sea Mail'이라고 빨간 글씨로 표기하고 속달일 경우 'EXPRESS'라고 쓴다. 미국에서 한국까지 항공편은 7일, 배편은 1개월 정도 걸린다.

소포

신문이나 잡지, 팜플렛 등 인쇄물만을 보낼 경우에는 'PRINTED MATTER'라고 쓰면 서적 소포로 취급되므로 저렴하게 보낼 수 있다. 파손되기 쉬운 물건이 들어 있으면 'HANDLE WITH CARE(취급주의)' 또는 'FRAGILE(깨지는 것)'이라고 눈에 잘 띄게 써 둔다.

● **Extra Service**
선택적으로 추가할 수 있는 서비스들이다.

- **Certificate of Mailing**

우편을 발송했다는 것을 증명하는 영수증이다.

- **Certified Mail**

우편을 보냈다는 영수증과 온라인으로 배송정보를 알 수 있다.

- **Collect on Delivery (COD)**

수취인이 우편요금을 내도록 하는 서비스이다.

- **Delivery Confirmation**

배송 결과를 알고 싶을 때 사용하고 발급 받은 용지의 번호를 인터넷(www.usps.com)에 입력하면 배달과정을 추적할 수 있다.

- **Insurance**

우편물에 대한 분실과 파손에 대해 보험을 드는 것이다.

- **Express Mail Insurance**

최대한 빨리 보내는 것으로 급하게 보낼 때 사용하면 좋다.

- **Registered Mail**

고가의 제품을 보낼 때 적합하고 분실과 파손에 대해 손해 배상을 받을 수 있다.

- **Restricted Delivery mail**

내가 지정한 사람이 꼭 수취하도록 해주는 서비스이다.

- **Return Receipt**

받는 이에게 우편물을 전달하면서 별도의 용지에 사인을 받아 내게 발송해 주는 서비스이다.

- **Return Receipt for Merchandise**

비즈니스용 Return Receipt

- **Special Handling**

Special한 아이템 예를 들어 가축, 오리, 거위 등과 생물 등을 포함.

※ 1온스(oz)=28.35그램(g), 1파운드(lb)=0.45킬로그램(kg)

POINT WORDS

pay phone	페이폰	공중전화
long-distance	롱 디스턴스	장거리
put	풋	넣다
telephone card	텔레폰 카드	전화카드
collect call	컬렉 콜	수신자 부담전화
area code	에어리어 코드	지역번호
extension	익스텐션	내선
call back	콜 백	다시 걸다
contact	컨택	접촉하다, 연락하다
connect	커넥트	연결하다
division	디비젼	부서
slower	스로우어	더 느리게
mailbox	메일박스	우체통
close	클로우즈	닫다, 가까운
parcel	파슬	소포

PART 08
Emergency
위급상황

단어를 바꾸가면서 말해요~ change the word

❶ 영어를 할 줄 아십니까?

Do you speak English?

두 유 스픽 잉글리쉬?

English 대신 쓸 수 있는 단어
- Chinese 중국어
- Korean 한국어
- German 독일어
- Japanese 일본어
- Spanish 스페인어
- Arabic 아랍어

❷ 열차 안에 지갑을 두고 내렸습니다.

I left my wallet on the train.

아이 랩트 마이 왈릿 온 더 트레인

wallet 대신 쓸 수 있는 단어
- passport 여권
- camera 카메라
- cell phone 핸드폰
- bag 가방
- belongs 소지품
- document 서류

❸ 방에 도둑이 들어왔습니다.

A burglar broke into my room.

어 버글러 브록 인투 마이 룸

burglar 대신 쓸 수 있는 단어
- robber 강도
- stranger 낯선 사람
- sneak thief 낯도둑
- housebreaker 강도
- thief 도둑
- filcher 좀도둑

❹ 두통이 있습니다.

I have a headache.
아이 해버 헤드에임

headache 대신 쓸수 있는 단어
- cold 감기
- toothache 치통
- airsick 비행기 멀미
- cough 감기
- pain 통증
- stomachaches 복통

❺ 몸이 나른 합니다.

I feel weak.
아이 필 윅

weak 대신 쓸수 있는 단어
- dizzy 어지러움
- chilly 추위
- little better 좀 나아지다
- much better 많이 좋아지다
- nauseous 구토
- motion sickness 멀미

❻ 경찰서가 어디에 있습니까?

Where is the police station?
웨어 이즈 더 폴리스 스테이션?

police station 대신 쓸수 있는 단어
- hospital 병원
- lost and found 분실물 취급소
- pharmacy 약국
- embassy of the Republic of Korea 한국 대사관

unit 1
영어가 서투를 때

영어를 할 줄 압니까?

Do you speak English?
두 유 스픽 잉글리쉬?

영어는 할 줄 모릅니다.

I can't speak English.
아이 캔ㅌ 스픽 잉글리쉬

영어는 잘 못합니다.

My English isn't very good.
마이 잉글리쉬 이즌ㅌ 베리 굿

영어로는 설명할 수 없습니다.

I can't explain it in English.
아이 캔ㅌ 익스플레이닛 인 잉글리쉬

어느 나라 말을 하십니까?

What language do you speak?

왓 랭귀지 두 유 스픽?

한국어를 하는 사람은 있습니까?

Does anyone speak Korean?

더즈 애니원 스픽 코리언?

한국어로 쓰인 것은 있습니까?

Do you have any information in Korean?

두 유 해버니 인풔메이션 인 코리언?

한국어판은 있습니까?

Do you have one in Korean?

두 유 해브 원 인 코리언?

여기서는 아무도 한국어를 못 합니다.

No one here speaks Korean, sir.

노 원 히어 스픽스 코리언, 써

통역을 부탁하고 싶은데요.

I need an interpreter.

아이 니던 인터프리터

좀더 천천히 말씀해 주세요.

Speak more slowly, please.

스픽 모어 스로우리, 플리즈

당신이 말하는 것을 모르겠습니다.

I can't understand you.

아이 캔ㅌ 언더스탠드 유

그건 무슨 뜻입니까?

What do you mean by that?

왓 두 유 민 바이 댓?

써 주세요.

Write it down, please.

롸이릿 다운, 플리즈

unit 2
위급상황시 대처하기

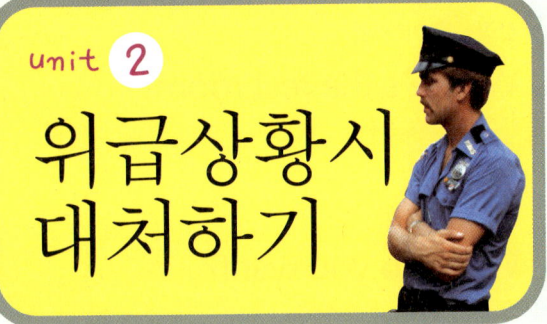

출입국 | 호텔 | 레스토랑 | 교통 | 관광 | 쇼핑 | 통신 | **위급상황** | 귀국

문제가 생겼습니다.
I have a problem.
아이 해버 프라블럼

지금 무척 난처합니다.
I'm in big trouble now.
아임 인 빅 트러블 나우

무슨 좋은 방법이 없을까요?
Do you have any suggestions?
두 유 해버니 써제스쳔스?

어떻게 하면 좋을까요?
What should I do?
왓 슈다이 두?

화장실은 어디죠?

Where's the rest room?

웨어즈 더 레슷 룸?

무엇을 원하세요?

What do you want?

왓 두 유 원?

가진 돈이 없어요!

I don't have any money.

아이 돈ㅌ 해브 애니 머니

알겠습니다. 다치게만 하지 마세요.

Okay. Don't hurt me.

오케이. 돈ㅌ 헛 미

시키는 대로 할게요.

Whatever you say.

와래버 유 쎄이

잠깐! 뭘 하는 겁니까?

Hey! What are you doing?

헤이! 왓아유 두잉?

만지지 말아요!
Don't touch me!
돈ㅌ 터취 미!

그만 두세요!
Stop it!
스타핏!

저리 가!
Leave me alone!
리브 미 얼론!

다가서지 말아요!
Stay away from me!
스테이 어웨이 프럼 미!

도와 주십시오!
Help me!
헬프 미!

조심해!
Watch out!
와취 아웃!

서두르세요

Please hurry.

플리즈 허뤼

경찰을 부르겠다!

I'll call the police!

아일 콜 더 폴리스!

경찰 좀 불러 주세요

Call the police, please.

콜 더 폴리스, 플리즈

꺼져!

Get out!

게라웃!

저놈이 내 가방을 뺏어갔어요!

He took my bag!

히 툭 마이 백!

지갑을 도둑맞았어요!

I had my wallet stolen!

아이 햇 마이 왈릿 스톨런!

지갑을 소매치기 당했어요!

My wallet was taken by a pickpocket.

마이 왈릿 워즈 테이컨 바이 어 픽파킷!

방에 도둑이 들어왔습니다.

A burglar broke into my room.

어 버글러 브록 인투 마이 룸

도난 신고를 하려고 합니다

I'd like to report a theft.

아이드 라잌 투 리포드 쎄프트

경찰에 도난신고서를 내고 싶은데요.

I'd like to report the theft to the police.

아이드 라잌 투 리폿 더 쎄프트 투 더 펄리스

경찰서는 어디에 있습니까?

Where's the police station?

웨어즈 더 폴리스테이션?

경찰에 신고해 주시겠어요?

Will you report it to the police?

윌 유 리포팃 투 더 폴리스?

305

unit 3
물건도난시 대처하기

분실물 취급소는 어디에 있습니까?
Where is the lost and found?
웨어리즈 더 로숫 앤 파운드?

여권을 잃어버렸습니다.
I lost my passport.
아이 로숫 마이 패스폿

열차 안에 지갑을 두고 내렸습니다.
I left my wallet on the train.
아이 랩트 마이 왈릿 온 더 트레인

여기서 카메라 못 보셨어요?
Did you see a camera here?
디쥬 씨 어 캐머러 히어?

누가 내 가방을 빼앗아 갔어요.

Someone took my bag.

썸원 툭 마이 백

경찰에 분실신고를 해야겠어요.

I must notify the police that it's missing.

아이 머스트 노티파이 더 폴리스 댓 잇츠 미씽

어디서 그런 일이 일어났습니까?

Where did it happen?

웨어 디스잇 해픈?

어디서 잃어버렸는지 기억이 안 납니다.

I'm not sure where I lost it.

아임 낫 슈어 웨어라이 로스팃

찾으면 한국으로 보내주시겠어요?

Could you please send it to Korea when you find it?

쿠쥬 플리즈 샌딧 투 코리어 웬 유 파이닛?

출입국 | 호텔 | 레스토랑 | 교통 | 관광 | 쇼핑 | 통신 | 위급상황 | 귀국

307

unit 4
교통사고시 대처하기

큰일 났습니다.
It's an emergency.
잇츠 언 이머전시

교통사고를 당했습니다.
I was in a car accident.
아이 워즈 이너 카 액시던

구급차를 불러 주세요!
Please call an ambulance!
플리즈 콜 언 앰뷸런스!

다친 사람이 있습니다.
There is an injured person here.
데어리즈 언 인줘드 퍼슨 히어

저를 병원으로 데려가 주시겠어요?
Could you take me to a hospital?
쿠쥬 테일 미 투 어 하스피럴?

사고를 냈습니다.
I've had an accident.
아이브 해던 액시던

상황이 잘 기억나지 않습니다.
I don't remember what happened.
아이 돈ㅌ 리멤버 와래픈드

제 책임이 아닙니다.
I'm not responsible for it.
아임 낫 리스판서블 풔릿

신호를 무시했습니다.
I ignored a signal.
아이 이그노어더 시그널

저야말로 피해자입니다.
I'm the victim.
아임 더 뷕팀

도로표지판의 뜻을 몰랐습니다.

I didn't know what that sign said.

아이 디든ㅌ 노우 왓 댓 사인 쎄드

속도위반입니다.

You were speeding.

유 워 스피딩

보험을 들었습니까?

Are you insured?

아 유 인슈어드?

렌터카 회사로 연락해 주시겠어요?

Would you contact the car rental company?

우쥬 칸택 더 카 렌틀 컴퍼니?

사고증명서를 써 주시겠어요?

Will I get a police report?

윌 아이 게러 펄리스 리폿?

unit 5 병원에서 대처하기

몸이 안 좋습니다.
I don't feel well.
아이 돈ㅌ 필 웰

몸이 나른합니다.
I feel weak.
아이 필 윅

현기증이 납니다.
I feel dizzy.
아이 필 디지

식욕이 없습니다.
I don't have an appetite.
아이 돈ㅌ 해번 애피타잇

감기에 걸렸습니다.

I have a cold.

아이 해버 콜드

아이 상태가 이상합니다.

Something's wrong with my child.

썸씽스 롱 윗 마이 촤일드

설사가 심합니다.

I have bad diarrhea.

아이 해브 뱃 다이어리어

열이 있습니다.

I have a fever.

아이 해버 퓌버

두통이 있습니다.

I have a headache.

아이 해버 헤데이크

목이 아픕니다.

I have a sore throat.

아이 해버 소어 쓰로트

콧물이 계속 납니다.
My nose keeps running.
마이 노우즈 킵스 런닝

여기가 아픕니다.
I have a pain here.
아이 해버 페인 히어

잠이 오지 않습니다.
I can't sleep.
아이 캔ㅌ 슬립

구토를 합니다.
I feel nauseous.
아이 필 너셔스

기침이 납니다.
I have a cough.
아이 해버 커흐

의사를 불러 주세요.
Please call a doctor.
플리즈 콜 어 닥터

의사에게 진찰을 받고 싶은데요.

I'm here for a doctor's examination.

아임 히어 풔러 닥터스 익재머네이션

병원으로 데리고 가 주시겠어요?

Could you take me to a hospital?

쿠쥬 테잌 미 투 어 하스피럴?

얼마나 기다려야 합니까?

How long should I wait?

하우 롱 슈다이 웨잇?

다쳤습니다.

I've injured myself.

아이브 인쥬어드 마이셀프

구급차 좀 불러주세요

Call an ambulance, please.

콜언 앰블런스 플리즈

진료 예약을 하고 싶은데요.

Can I make an appointment?

캔 아이 메이컨 어포인트먼?

한국어를 하는 의사는 있나요?

Is there a Korean-speaking doctor?

이즈 데어러 코리언-스피킹 닥터?

어제부터입니다.

Since yesterday.

씬스 예스터데이

진단서를 써 주시겠어요?

Would you give me a medical certificate?

우쥬 기브 미 어 메디컬 써티피컷?

며칠 정도 안정이 필요합니까?

How long do I have to stay in bed?

하우 롱 두 아이 해브 투 스테이 인 배드?

이건 한국 의사가 쓴 것입니다.

This is from my doctor in Korea.

디씨즈 프럼 마이 닥터 인 코리어

출입국 | 호텔 | 레스토랑 | 교통 | 관광 | 쇼핑 | 통신 | **위급상황** | 귀국

예정대로 여행을 해도 괜찮겠습니까?
Can I travel as scheduled?
캔 아이 트래벌 애즈 스케쥴드?

여행을 계속할 수 있습니까?
Can I continue traveling?
캔아이 컨티뉴 트레블링?

(약국에서) 이 처방전 약을 주세요.
Fill this prescription, please.
필 디스 프리스크립션, 플리즈

이 약은 어떻게 먹습니까?
How do I take this medicine?
하우 두 아이 테익 디스 메더슨?

분실과 도난을 당했을 때 Tip

여권 분실 시

즉시 현지경찰에 신고하여 분실증명서를 발급 받은 후 재외공관(대사관/영사관)에서 여권을 재발급 받거나 여행증명서를 발급받는다.

- 구비서류 : 여권발급신청서, 사진 2매, 시청사유서, 신분증

여행 전에 미리 여권 사본을 준비하고 여권번호와 발행날짜, 재외공관 주소 및 연락처를 알아두면 수월하다.

여행증명서는 여권을 재발급 받을 시간적 여유가 없는 단기체류자에게 발급되며 통상 1회에 한해 사용이 가능하고 증명서상에 기재된 국가에 대해 여행 또는 경유할 수 있다.

지갑, 짐 분실 시

현지 경찰에 무조건 신고한다. 신고하지 않은 물품은 보험 혜택을 못 받을 수도 있다. 여행자 수표는 미리 수표번호와 금액, 발행 일자를 적어두면 재발급 받을 수 있다.

현지 재외공관에 피해사실을 알리고 필요한 도움을 요청한다.

여행경비를 분실했을 경우 영사콜센터에 문의하여 '신속해외송금제도'를 이용한다.

신속해외송금제도

신속해외 송금제도는 해외에서 분실, 도난 등 예상치 못한 사고로 인해 급하게 현금이 필요한 경우 국내 가족이 긴급경비를 전달하는 제도이다.
제외공관에서 신청하거나 영사 콜센터를 이용하면 된다.

교통사고를 당했을 때 Tip

감정적인 행동은 자제한다

외국에서 교통사고가 나면 당황할 수밖에 없는데 이성을 찾고 대처하는 것이 중요하다.
현지의 교통법규나 관련 법 또는 처리 관행 등을 잘 알지 못하므로 불필요한 언급은 삼가고 경찰이 올 때까지 기다리고 기본적인 상황을 설명하는 편이 좋다. 특히 'I'm sorry'는 책임소재를 따지는데 중요한 역할을 하기 때문에 스스로 과실을 인정하는 상황이 될 수 있다. 더욱이 감정적인 행동은 현지인을 자극하여 더 복잡한 상황이 될 수 있으므로 절대 자제한다.

경찰에 신고하기
가해자일 경우, 경찰에 반드시 신고해야 하며(이 의무를 이행하지 않을 경우 중형을 받을 수 있다) 피해자와 함께 병원에 가야 할 의무가 있다. 상대방의 차량번호, 주소, 연락처, 상해 및 손해 정도를 반드시 메모한다.

대사관이나 '영사 콜 센터'에 전화

사고 즉시, 현지 대사관이나 '영사 콜 센터'에 전화하여 상황을 설명하고 특히 인사사고가 있는 경우 반드시 전화하여 사고의 대처와 사후 수습 그리고 합의 등에 대해 도움을 받는다.

보험사 '콜 센터'
해외여행보험에 가입된 경우 해당 보험사의 '콜 센터'에 전화하여 도움을 받거나 그 보험사의 현지 '해외 긴급 지원 서비스' 번호를 별도 메모하여 이용하면 한국어로 통화할 수 있고, 긴급 상황에서 의료 지원도 받을 수 있다.

렌터카 회사에 바로 사고 상황 통보
차를 렌트한 경우는 렌터카 회사에 바로 전화하여 사고 상황을 알린다.

녹취 및 촬영

사고에서 불이익을 받지 않도록 현장보존을 위해 녹취와 함께 사고 현장을 사진 촬영한다.

아파서 병원에 갔을 때 Tip

진찰 받는 방법

영미문화권에서는 응급실을 제외한 모든 병원은 진료시간을 예약해야 한다. 예약 없이 무작정 찾아가면 그 자리에서 예약만 하고 돌아오거나 의사에게 진료가 없는 시간까지 기다려야 한다. 주치의 진찰실은 보통 사무실 같은 분위기라 긴장하지 않고 진찰 받을 수 있고 전문적인 진찰이 필요하면 주치의가 전문의를 소개해 준다. 처방전을 메모 용지에 직접 써 주는 경우도 있으므로 휴지와 혼동해 버리지 않도록 주의한다.

응급 상황

심하게 아프거나 큰 상처를 입었을 때는 현지 병원 응급실로 간다. 유럽의 경우 응급실은 대부분 치료비를 면제해 주는 경우가 많고 우선 치료를 받을 수 있어서 좋다. 구급차가 필요한 경우는 망설이지 말고 911로 전화한다. 단, 구급차는 유료이고 나중에 100~200달러 정도의 청구서가 나온다.

의료비 지불

보험에 가입한 사람은 진찰받을 때 보험증을 지참하고, 의사에게 필요사항을 기입해 달라고 한다. 병원비는 우선 신용카드로 지불하고 보험회사에 청구하면 된다. 고액의 치료비가 필요한 경우는 현지지사 보험회사에 연락하고 본인이 직접 지불 시에는 영수증과 진단서를 잘 챙겨서 보험회사에 제출해 치료비를 환불받는다. 단 본인 과실로 인한 사고는 보상받기가 어렵다.

POINT WORDS

interpreter	인터프리터	통역사
understand	언더스탠드	이해하다
mean	민	의미하다
problem	프라블럼	문제
trouble	트러블	골칫거리
hurt	허트	다치게하다
the lost and found	더 로스트 앤 파운드	분실물 취급소
police station	폴리스 스테이션	경찰서
accident	엑시던	사고
ambulance	앰블런스	구급차
injure	인져	부상을 입다
hospital	하스피럴	병원
insure	인슈어	보험들다
company	컴퍼니	회사
victim	빅팀	피해자

unit 1
항공편 예약과 재확인

내일 비행기는 예약이 됩니까?

Can you book us on tomorrow's flight?
캔 유 부커스 온 터머로우즈 플라잇?

인천행을 예약하고 싶은데요.

I'd like to reserve a seat for Incheon?
아이드 라잌 투 리저버 씻 풔 인천?

다른 비행기는 없습니까?

Do you have any other flights?
두 유 해버니 아더 플라잇츠?

예약을 재확인하고 싶은데요.

I'd like to reconfirm my flight.
아이드 라잌 투 리컨퓜 마이 플라잇

성함과 편명을 말씀하십시오.

Your name and flight number, please.

유어 네임 앤 플라잇 넘버, 플리즈

편명과 출발 시간을 알려 주시겠어요?

What is the flight number and departure time?

와리즈 더 플라잇 넘버 앤 디파춰 타임?

무슨 편 몇 시 도착입니까?

What's the flight number and the arrival time?

왓츠 더 플라잇 넘버 앤 더 어라이벌 타임?

몇 시까지 탑승수속을 하면 됩니까?

By what time should we check in?

바이 왓 타임 슈드 위 체킨?

한국에서 예약했는데요.

I reserved my flight in Korea.

아이 리저브드 마이 플라잇 인 코리아

출입국 | 호텔 | 레스토랑 | 교통 | 관광 | 쇼핑 | 통신 | 위급상황 | **귀국**

비행편을 변경할 수 있습니까?

Can I change my flight?

캔 아이 췌인지 마이 플라잇?

10월 9일로 변경하고 싶습니다.

I'd like to change it to October 9th(ninth).

아이드 라잌 투 췌인짓 투 악토버 나인스

예약을 취소하고 싶은데요.

I'd like to cancel my reservation.

아이드 라잌 투 캔슬 마이 레저붸이션

다른 항공사 비행기를 확인해 주세요.

Please check other airlines.

플리즈 첵 아더 에어라인스

해약 대기로 부탁할 수 있습니까?

Can you put me on the waiting list?

캔 유 풋 미 온 더 웨이팅 리슷?

unit 2
공항가기와 비행기 탑승

공항까지 가 주세요.

Take me to the airport, please.
테익 미 투 더 에어폿, 플리즈

공항까지 어느 정도 걸립니까?

How long will it take to get to the airport?
하우 롱 윌릿 테익 투 겟 투 디 에어폿?

공항까지 대략 얼마 나옵니까?

What is the approximate fare to the airport?
와리즈 더 어프락써메잇 페어 투 디 에어폿?

출입국 · 호텔 · 레스토랑 · 교통 · 관광 · 쇼핑 · 통신 · 위급상황 · **귀국**

빨리 가 주세요. 지금 늦었습니다.

**Please hurry.
I'm late, I am afraid.**

플리즈 허리. 아임 레잇, 아이 엠 어프레드

기사님, 호텔로 다시 가 주시겠어요?

Driver, Would you go back to the hotel?

드라이버, 우쥬 고 백 투 더 호텔?

카메라를 호텔에 두고 왔습니다.

I left my camera in the hotel.

아이 랩트 마이 캐머러 인 더 호텔

중요한 것을 두고 왔습니다.

I left something very important there.

아이 랩트 썸씽 붸리 임포턴 데어

어디에 두었는지 기억합니까?

Do you remember where you left it?

두 유 리멤버 웨어류 랩팃?

서랍에 넣어 두었습니다.
I put it in the drawer.
아이 푸릿 인 더 드로어

대한항공 카운터는 어디입니까?
Where's the Korean Air counter?
웨어즈 더 코리언 에어 카운터?

탑승수속은 어디서 합니까?
Where do I check in?
웨어 두 아이 첵인?

공항세는 있습니까?
Is there an airport tax?
이즈 데어런 에어폿 택스?

통로석(창가석)으로 주세요.
An aisle seat(A window seat), please.
언 아일 씻(어 윈도우 씻), 플리즈

친구와 같은 좌석으로 주세요.
I'd like to sit with my friend.
아이드 라잌 투 싯 위드 마이 프렌드

맡기실 짐은 있으십니까?

Any baggage to check?

애니 배기쥐 투 첵?

짐은 몇 개입니까?

How many pieces baggage?

하우 메니 피스이즈 배기쥐?

맡길 짐은 없습니다.

I have no baggage to check.

아이 해브 노 배기쥐 투 첵

그 가방은 맡기시겠습니까?

Are you going to check that bag?

아 유 고잉 투 첵 댓 백?

이 가방은 기내로 가지고 들어갑니다.

This is a carry-on bag.

디씨저 캐리온 백

다른 맡기실 짐은 없습니까?

Do you have any other baggage to check?

두 유 해버니 어더 배기쥐 투 첵?

(탑승권을 보이며) 몇 번 게이트입니까?

What gate is it?

왓 게잇 이짓?

3번 게이트는 어느 쪽입니까?

Which way is Gate 3(three)?

위치 웨이즈 게잇 쓰리?

인천행 탑승 게이트는 여기입니까?

Is this the gate for Incheon?

이즈 디스 더 게잇 풔 인천?

탑승은 시작되었습니까?

Has boarding started yet?

해즈 보딩 스타팃 옛?

탑승권을 보여 주십시오.

Show me your boarding card, please.

쇼우 미 유어 보딩 카드, 플리즈

방금 인천행 비행기를 놓쳤는데요.

We just missed the flight to Incheon.

위 저슷 미슷 더 플라잇 투 인천

출입국 | 호텔 | 레스토랑 | 교통 | 관광 | 쇼핑 | 통신 | 위급상황 | **귀국**

대기자 명단에 넣어 주십시오.

Put me on your waiting list, please.

풋 미 언 유어 웨이팅 리스트, 플리즈

면세점은 어디에 있습니까?

Where is the duty-free shop?

웨어리즈 더 듀티-프리 샵?

면세로 살 수 있나요?

Can I get it tax-free?

캔 아이 게릿 텍스-프리?

한국 돈도 받나요?

Is it possible to pay in Korean won?

이짓 파써블 투 페이 인 코리언 원?

여기서 수취할 수 있나요?

Can I get this here?

캔 아이 겟 디쓰 히어?

좌석을 좀 바꾸어도 될까요?

May I change my seat?

메아이 췌인지 마이 씻?

입국신고서는 가지고 계십니까?

Do you have an immigration card?

두 유 해번 이머그레이션 카드?

이것이 세관신고서입니다.

This is the customs declaration form.

디씨즈 더 커스텀즈 데클러레이션 퓀

입국카드 작성법을 잘 모르겠습니다.

I'm not sure how to fill out the immigration card.

아임 낫 슈어 하우 투 필 아웃 더 이머그레이션 카드

인천에는 언제 도착합니까?

When do we land in Incheon?

웬 두 위 랜드 인 인천?

제 시간에 도착합니까?

Are we arriving on time?

아위 어라이빙 온 타임?

출국하기전 꼭 필요한 정보 Tip

항공권 재확인
출발 72시간 전까지 예약을 재확인해 둔다. 일정을 변경하고 싶은 경우에도 출국일 72시간 전에 항공사에 연락해 예약을 취소하고 원하는 날짜의 항공권을 예약한다.

수하물 정리
여행을 마치고 출국 할 때는 짐이 늘어나기 마련인데 짐을 쌀 때 필요 없는 물건은 과감히 버려 탑승허용량을 초과하지 않도록 한다. 항공사별로 무게 제한 사항을 알아두면 편리하고 항공사에 따라 추가 비용을 요구하는 경우도 있다.

세관
현지통화의 반입액 이상의 반출은 금지되어 있다. 입국시의 소지금 신고와 출국시의 소지금을 검사하는 경우도 있으므로 주의할 것.

출국수속
공항에는 출국시간 2시간 전에 도착하는 것이 좋다. 출국신고는 자신이 이용할 항공사 카운터에 항공권과 여권, 그리고 입국할 때 적었던 출입국 신고서를 제시하고 부칠 짐이 있으면 무게를 단 후에 꼬리표를 받아 잘 보관한다.

보안검색
주머니를 비운 후 휴대하고 있는 짐을 컨베이어에 올리고 금속탐지기를 통과한다. 기내에는 날카로운 물건과 액체류, 젤류는 물론 화장품도 100ml가 초과되면 반입할 수 없다. 만약 보안요원이 가방검사를 요청하면 순순히 응하는 것이 번거로움을 피하는 것이다.

검역신고서
동남아시아, 중동, 아프리카, 남아메리카에서 온 승객은 검역질문서를 작성해야한다. 또한 여행 중 건강에 이상이 있는 사람은 입국 시 검역관에게 신고해야 하며, 2주 이내에 설사, 복통, 구토 등의 증상이 있으면 가까운 검역소나 보건소에 반드시 신고해야 한다. 동물이나 축산물 또는 식물을 가지고 입국할 경우는 수출국에서 발행한 동물검역증과 식물검역증을 제출해야 한다.

탑승구 대기
탑승은 출발 20~30분 전에 시작되므로 출국수속이 끝나고 탑승권을 받으면 게이트를 미리 알아두고 늦어도 출발 10분 전에 탑승 게이트에 도착해야 한다.

탑승
비행기에 탑승한 후 짐을 앞좌석 아래에 있는 공간에 넣고 이륙을 기다린다. 운이 좋은 경우 자신이 탈 비행기의 비즈니스클래스에 빈자리가 있으면 체크인할 때 업그레이드를 해 주는 경우도 있다.

기내 안내방송 표현 Tip

- Ladies and gentlemen, this is the captain speaking.
  승객 여러분, 저는 이 비행기의 기장입니다.

- There's going to be a slight delay before we take off.
  이륙하기 전에 약간의 지체가 있겠습니다.

- We will be taking off shortly.
  곧 이륙하겠습니다.

- Please return to your seats and fasten your seat belts.
  승객 여러분은 자리로 돌아가셔서 안전벨트를 착용하여 주시기 바랍니다.

- This is a nonsmoking flight.
  비행기 내에서는 금연입니다.

- We will be arriving at Incheon International Airport in a few minutes.
  이제 몇 분후에 목적지인 인천국제공항에 도착할 것입니다.

- We apologize for the delay.
  지연되어 죄송합니다.

- We hope you had a pleasant flight.
  즐거운 비행이 되셨기를 바랍니다.

POINT WORDS

book	북	예약하다
flight number	플라잇 넘버	편명
departure	디파춰	출발
reconfirm	리컨펌	재확인
airline	에어라인	항공사
fare	페어	요금, 시장
important	임포턴	중요한
miss	미스	놓치다, 그리워하다
possible	파써블	가능한
customs	커스텀즈	세관
declaration	데클러레이션	신고
land	랜드	착륙하다
arrive	어라이브	도착하다
delay	딜레이	지연
shortly	숏리	곧

기수

one	원	1
two	투	2
three	쓰리	3
four	풔	4
five	파이브	5
six	씩스	6
seven	쎄븐	7
eight	에잇	8
nine	나인	9
ten	텐	10
eleven	일레븐	11
twelve	투웰브	12
thirteen	써틴	13
fourteen	풔틴	14
fifteen	핍틴	15
sixteen	씩스틴	16
seventeen	쎄븐틴	17
eighteen	에잇틴	18
nineteen	나인틴	19

twenty	투웬티	20
thirty	써티	30
forty	풔티	40
fifty	핍티	50
sixty	씩스티	60
seventy	쎄븐티	70
eighty	에잇티	80
ninety	나인티	90
one hundred	원 헌드레드	100
one thousand	원 싸우전드	1,000
ten thousand	텐 싸우전드	10,000
one hundred thousand	원 헌드러드 싸우전드	십만
one million	원 밀리언	백만

서수

first	퍼스트	첫째
second	쎄컨드	둘째
third	써드	셋째
fourth	풔쓰	넷째
fifth	핍쓰	다섯째

sixth	씩스쓰	여섯째
seventh	쎄븐쓰	일곱째
eighth	에잇쓰	여덟째
ninth	나인쓰	아홉째
tenth	텐쓰	열째

요일

Sunday	선데이	일요일
Monday	먼데이	월요일
Tuesday	튜즈데이	화요일
Wednesday	웬즈데이	수요일
Thursday	써즈데이	목요일
Friday	프라이데이	금요일
Saturday	쎄러데이	토요일

월

January	재뉴어리	1월
February	페뷰어리	2월
March	마취	3월
April	에이펄	4월

May	메이	5월
June	쥰	6월
July	쥴라이	7월
August	어거슷	8월
September	썹템버	9월
October	악토버	10월
November	노벰버	11월
December	디셈버	12월

형태

line	라인	선
dot	닷	점
triangle	트라이앵글	삼각형
square	스퀘어	정사각형
rectangle	렉탱글	직사각형
diamond	다이어먼드	마름모
pentagon	펜터건	5각형
circle	써클	원
oval	오우벌	타원형
cube	큐브	정육면체

sphere	스퓌어	구, 공 모양
cone	코운	원뿔
cylinder	실린더	원통형
pyramid	피러미드	피라미드
ring	링	반지모양
star	스타	별 모양
heart	하트	하트 모양

신체

head	헤드	머리
hair	헤어	머리칼
forehead	풔헤드	이마
face	페이스	얼굴
eyebrow	아이브라우	눈썹
eye	아이	눈
ear	이어	귀
nose	노우즈	코
cheek	췩	볼, 뺨
mouth	마우쓰	입
tooth	투쓰	이

lip	립	입술
tongue	텅	혀
chin	친	턱
neck	넥	목
shoulder	쇼울더	어깨
chest	체슷	가슴
stomach	스터먹	배
back	백	등허리
bottom	바텀	엉덩이
arm	암	팔
elbow	엘보우	팔꿈치
wrist	리슷	손목
hand	핸드	손
thumb	썸	엄지손가락
palm	팜	손바닥
fingernail	핑거네일	손톱
leg	렉	다리
knee	니	무릎
ankle	앵클	발목
foot	풋	발

| heel | 힐 | 발뒤꿈치 |
| toe | 토우 | 발가락 |

가족

grandfather	그랜파더	할아버지
grandmother	그랜머더	할머니
father	파더	아버지
mother	머더	어머니
uncle	엉클	삼촌, 고모부, 이모부
aunt	앤트	숙모, 고모, 이모
brother	브러더	형, 오빠, 남동생
sister	시스터	누나, 언니, 여동생
cousin	커즌	사촌 형제
son	선	아들
daughter	더터	딸
grandson	그랜선	손자
granddaughter	그랜더터	손녀
grandchild	그랜촤일드	손자, 손녀
baby	베이비	아기
nephew	네퓨	남조카

| niece | 니스 | 여조카 |

집

living room	리빙룸	거실
bedroom	베드룸	침실
kitchen	키췬	주방
dining room	다이닝 룸	식당
bathroom	배쓰룸	화장실
attic	애틱	다락
yard	야드	마당
gate	게이트	대문
fence	펜스	담, 울타리
garden	가든	정원
upstairs	업스테어즈	위층
downstairs	다운스테어즈	아래층
basement	베이스먼트	지하실
roof	루프	지붕
chimney	침니	굴뚝
ceiling	실링	천장
wall	월	벽

floor	플러어	마루, 바닥
door	도어	문
window	윈도우	창문
stairs	스테어즈	계단
garage	거라쥐	차고
car	카	자동차
bicycle	바이시클	자전거
tricycle	트라이시클	세발자전거
lawn mower	런 모우어	잔디깎기

거실

picture	픽쳐	그림
curtain	커튼	커튼
shade	쉐이드	햇빛가리개
blind	블라인드	블라인드
vase	베이스	꽃병
vacuum cleaner	배쿰 클리너	진공청소기
washer	와셔	세탁기
bookcase	북케이스	책장
switch	스위취	전기스위치

shelf	쉘프	선반
TV	티비	텔레비젼
stereo system	스테리어우	시스템 오디오
couch	카우취	소파
armchair	암췌어	안락의자
light	라잇	전등
telephone	텔러포운	전화
coffee table	커피 테이블	탁자
piano	피애노우	피아노
rug	럭	양탄자
lamp	램프	전등
fan	펜	선풍기
air conditioner	에어 컨디셔너	에어컨
flashlight	플래쉬라잇	회중전등
iron	아이언	다리미
candle	캔들	양초
match	매취	성냥
pig bank	피그 뱅크	돼지저금통
newspaper	뉴즈페이퍼	신문
magazine	메거진	잡지

침실

closet	클라짓	벽장
wardrobe	워드롭	옷장
hanger	행거	침실
bed	베드	침대
blanket	블랭킷	담요
pillow	필로우	베개
sheet	쉬트	시트
slipper	슬립퍼	슬리퍼
CD-player	씨디 플레이어	CD플레이어
cassette player	카세트 플레이어	카세트 플레이어
computer	컴퓨러	컴퓨터
monitor	모니터	모니터
keyboard	키보드	자판
mouse	마우스	마우스
printer	프린터	프린터
alarm clock	얼람 클락	알람시계

화장실

sink	싱크	세면대

bathtub	배쓰텁	욕조
shower	쇼우어	샤워기
tap	탭	수도꼭지
perfume	퍼퓸	향수
toilet	토일럿	변기
bath mat	배쓰 맷	매트
mirror	미러	거울
shampoo	섐푸	샴푸
toilet paper	토일럿 페이퍼	화장지
body lotion	바디 로우션	바디로션
toothpaste	투쓰페이슷	치약
toothbrush	투쓰브러쉬	칫솔
soap	소웁	비누
towel	타우얼	수건
comb	코움	빗
rinse	린스	린스

주방

table	테이블	식탁
chair	췌어	의자

영어	발음	한국어
refrigerator	리프리져에이터	냉장고
freezer	프리져	냉동고
kitchen sink	키췬 싱크	싱크대
cupboard	컵보드	찬장
microwave oven	마이크로웨이브 오븐	전자레인지
range	레인쥐	가스레인지
garbage can	가비쥐 캔	쓰레기 통
sponge	스펀쥐	스펀지
blender	블랜더	믹서
toaster	토우스터	토스터
kettle	케틀	주전자
opener	오프너	병따개
spoon	수푼	숟가락
fork	풔ㅋ	포크
knife	나이프	칼
frying pan	프라잉 팬	프라이팬
pot	팟	냄비
glass	글래스	유리컵
cup	컵	컵
saucer	써서	잔받침

mug	머그	머그잔
dish	디쉬	접시
dish towel	디쉬 타월	행주
apron	에이프런	앞치마
bowl	보울	그릇, 사발
butter	버터	버터
milk	밀크	우유
flour	플라우어	밀가루
sugar	슈거	설탕
salt	솔트	소금
cheese	취즈	치즈
egg	에그	달걀
cereal	시리얼	시리얼
juice	주스	주스
jam	잼	잼
bread	브레드	빵

색

red	레드	빨강
orange	오린쥐	주황

yellow	옐로우	노랑
green	그린	초록
blue	블루	파랑
purple	퍼플	보라
brown	브라운	갈색
light blue	라잇 블루	하늘색
light green	라잇 그린	연녹색
black	블랙	검정색
white	화잇	흰색
gray	그레이	회색
pink	핑크	분홍
violet	바이얼릿	제비꽃색
tan	탠	황갈색
navy blue	네이비 블루	감청색
sky blue	스카이 블루	하늘색

동물원

animal	애너멀	동물
fox	팍스	여우
wolf	울프	늑대

deer	디어	사슴
camel	캐멀	낙타
ostrich	어스트리취	타조
giraffe	져래프	기린
elephant	엘러펀트	코끼리
zebra	지브러	얼룩말
hippo	히포우	하마
lion	라이언	사자
tiger	타이거	호랑이
bear	베어	곰
koala	코알러	코알라
panda	팬더	판다
gorilla	거릴러	고릴라
kangaroo	캥거루	캥거루
monkey	멍키	원숭이
snake	스네익	뱀
crocodile	크라커다일	악어
cheetah	취터	치타
leopard	레퍼드	표범
rhino	라이노우	코뿔소

squirrel	스쿼럴	다람쥐
rabbit	래빗	토끼
hamster	햄스터	햄스터
iguana	이구와너	이구아나
frog	프럭	개구리
whale	웨일	고래
dolphin	달휜	돌고래
turtle	터틀	바다거북
penguin	펭귄	펭귄
seal	실	물개
horse	호스	말
pig	피그	돼지
sheep	쉽	양
goat	고웃	염소

공원

flower	플라워	꽃
tree	트리	나무
grass	그래스	잔디
bench	벤취	벤치

fountain	퐈운틴	분수
rest rooms	레슷 룸즈	화장실
drinking fountain	드링킹 퐈운틴	분수식 수도
playground	플레이그라운드	운동장
seesaw	시소	시소
swing	스윙	그네
merry-go-round	메리 고우 롸운드	회전목마
slide	슬라이드	미끄럼틀
sand box	샌드 박스	모래터
hide and seek	하이드 앤 씩	술래잡기
jump rope	점프 로웁	줄넘기
tricycle	트라이시클	세발자전거
bicycle	바이시클	자전거
volleyball	발리볼	배구공
basketball	배스킷볼	농구공
helmet	헬밋	헬멧
football	풋볼	축구공
baseball bat	베이스볼 뱃	야구방망이
baseball	베이스볼	야구공
mitt	밋	포수용 야구장갑

glove	글러브	야구장갑
kite	카잇	연
model airplane	마들 에어플레인	모형비행기
skateboard	스케잇보드	스케이트보드
roller skate	롤러 스케잇	롤러스케이트
roller blade	롤러 블레잇	롤러블레이드

계절과 날씨

season	시즌	계절
spring	스프링	봄
summer	섬머	여름
fall	풜	가을
winter	윈터	겨울
hot	핫	더운
warm	웜	따뜻한
cool	쿨	선선한
chilly	췰리	으스스한
cold	콜드	추운
freezing	프리징	어는, 몹시 추운
weather	웨더	날씨, 기후

sunny	써니	화창한, 맑게 갠
clear	클리어	맑은
cloudy	클라우디	흐린, 구름 낀
wet	웻	축축한, 비 내리는
drizzly	드리질리	가랑비 내리는
rainy	레이니	비가 오는
windy	윈디	바람 부는
stormy	스터미	폭풍우가 부는
snowy	스노위	눈이 내리는
sleety	스리티	진눈깨비가 오는
foggy	풔기	안개가 자욱한
shower	샤우어	소나기
lightning	라잇닝	번개
thunder	썬더	천둥, 천둥치다
rain	레인	비, 비가 오다
drizzle	드리즐	이슬비, 이슬비가 내리다
snow	스노우	눈, 눈이 오다
sleet	슬릿	진눈깨비, 진눈깨비가 오다
cloud	클라우드	구름

도시

highway	하이웨이	간선도로
freeway	프리웨이	고속도로
tunnel	터늘	터널
bridge	브리쥐	다리
airport	에어폿	공항
harbor	하버	항구
train station	트레인 스테이션	기차역
subway station	썹웨이 스테이션	지하철역
bus terminal	버스 터머널	버스터미널
bus stop	버스 스탑	버스정류장
taxi stand	택시 스탠드	택시승차장
overhead bridge	오버해드 브리쥐	육교
underpass	언더패스	지하도
intersection	인터섹션	교차로
parking lot	파킹 랏	주차장
sidewalk	사이드웍	인도, 보도
street	스트릿	차도, 거리
crosswalk	크로스웍	횡단보도
steps	스텝스	계단

road sign	로드 사인	거리표지판
trash can	트래쉬 캔	쓰레기통
corner	코너	길모퉁이
street light	스트릿 라잇	가로등
mailbox	메일박스	우체통
traffic light	트래픽 라잇	신호등
telephone booth	텔러포운 부쓰	공중전화부스
library	라이브러리	도서관
school	스쿨	학교
bank	뱅크	은행
park	팍	공원
fire station	파이어 스테이션	소방서
office building	오피스 빌딩	사무실 빌딩
post office	포숫 오피스	우체국
police station	폴리스 스테이션	경찰서
hospital	하스피털	병원
hotel	호우텔	호텔
movie theater	무비 씨어터	영화관
museum	뮤지엄	박물관
gas station	개스 스테이션	주유소

department store	디파트먼 스토어	백화점
supermarket	슈퍼마킷	슈퍼마켓
convenience store	컨비니언스 스토어	편의점
discount store	디스카운 스토어	할인점
newsstand	뉴즈스탠드	신문가판대
street vendor	스트릿 밴더	노점상
bakery	베이커리	제과점
barber shop	바버 샵	이발소
child-care center	촤일드 케어 센터	육아원
cleaners	클리너스	세탁소
coffee shop	커피 샵	다방
drug store	드럭 스토어	잡화점
pharmacy	파머시	약국
florist	플러리슷	꽃가게
grocery store	그로우서리 스토어	식료품점
hair salon	헤어 설롱	미용실
hardware store	하드웨어 스토어	철물점
ice cream shop	아이스크림 샵	아이스크림 가게
book store	북 스토어	책방
music store	뮤직 스토어	음반판매점

pet shop	펫 샵	애완동물 가게
restaurant	레스터런트	음식점
shoe store	슈 스토어	제화점
toy store	토이 스토어	장난감 가게
video store	비디오우 스토어	비디오 가게
eyeglass store	아이글래스 스토어	안경점

교통수단

bus	버스	버스
truck	트럭	트럭
taxi	택시	택시
train	트레인	기차, 열차
subway	썹웨이	지하철
limousine	리머진	리무진
helicopter	헬리캅터	헬리콥터
airplane	에어플레인	비행기
van	밴	승합차
car	카	승용차
boat	보웃	보트
shuttle bus	셔틀 버스	셔틀버스

ship	쉽	배, 선박
motorcycle	모우터사이클	오토바이
fire engine	파이어 엔젼	소방차
ambulance	앰뷸런스	구급차
police car	폴리스 카	경찰차
submarine	섭머린	잠수함

과일과 야채

fruit	프룻	과일
vegetable	베저터블	채소
cherry	췌리	체리
tomato	터메이터우	토마토
strawberry	스트로베리	딸기
watermelon	워러멜런	수박
pineapple	파인애플	파인애플
apple	애플	사과
pear	페어	배
orange	오린쥐	오렌지
peach	피취	복숭아
lemon	레먼	레몬

banana	버내너	바나나
potato	퍼테이토우	감자
celery	셀러리	샐러리
bean	빈	콩
pumpkin	펌킨	호박
mushroom	머쉬룸	버섯
eggplant	에그프랜트	가지
cabbage	캐비쥐	양배추
grape	그레입	포도
carrot	캐럿	당근
lettuce	레티스	상치
corn	콘	옥수수
green pepper	그린 페퍼	피망
onion	어니언	양파
cucumber	큐컴버	오이
spinach	스피니취	시금치
broccoli	브라컬리	브로콜리
garlic	가릭	마늘
chili	췰리	고추
broccoli	브로컬리	브로컬리

의류

clothes	클로우드즈	옷, 의류
coat	코웃	외투
suit	슈트	옷 한 벌
dress	드레스	여성용 치마 옷
jacket	잭킷	저고리
sweater	스웨터	스웨터
vest	베슷	조끼
blouse	블라우스	블라우스
T-shirt	티 셔츠	티셔츠
shirt	셔츠	셔츠
jeans	진즈	청바지
pants	팬츠	바지
shorts	셧츠	짧은 바지
skirt	스컷	치마
swimsuit	스윔슈트	수영복
undershirt	언더셔츠	속옷
sweatshirt	스웻셔츠	운동복
raincoat	레인코웃	비옷
pajamas	파자마	잠옷

장신구

boots	부츠	부츠
sneakers	스니커즈	운동화
shoes	슈즈	신발
stockings	스타킹스	스타킹
socks	삭스	양말
tie	타이	넥타이
handkerchief	행커칩프	손수건
belt	벨트	벨트
wallet	왈릿	지갑
handbag	핸드백	핸드백
umbrella	엄브렐러	우산
watch	와취	손목시계
ring	링	반지
earings	이어링스	귀걸이
necklace	네클리스	목걸이
sunglasses	선글래스	선글라스

직업

farmer	파머	농부

fisherman	퓌셔먼	어부
teacher	티쳐	교사
doctor	닥터	의사
nurse	너스	간호사
dentist	덴티슷	치과의사
office-worker	오피셔 워커	사무직 근로자
reporter	리포터	기자
lawyer	로어	변호사
pilot	파일럿	비행기 조종사
stewardess	스츄어디스	스튜어디스
postman	포우슷먼	우편배달부
police officer	폴리스 오피셔	경찰관
fire fighter	파이어 파이터	소방수
soldier	쇼울져	군인
bank teller	뱅크 텔러	은행원
actor	액터	배우
actress	액트리스	여배우
artist	아티스트	미술가
secretary	세크러테리	비서
salesperson	세일즈퍼슨	판매원

taxi driver	택시 드라이버	택시기사
bus driver	버스 드라이버	버스운전기사
barber	바버	이발사
cook	쿡	요리사
hairdresser	헤어드레서	미용사
housekeeper	하우스키퍼	파출부
waiter	웨이러	남자 종업원
waitress	웨이트리스	여자 종업원
janitor	제너터	수위

음식

hot dog	핫 도그	핫도그
sandwich	샌드위치	샌드위치
hamburger	햄버거	햄버거
french fries	프렌취 프라이즈	감자튀김
pizza	피처	피자
chicken	취킨	닭고기
spaghetti	스퍼게티	스파게티
steak	스테익	스테이크
fish	피시	생선

rice	라이스	쌀밥
potatoes	포테이토우즈	감자
egg	에그	달걀
salad	샐러드	샐러드
soup	숩	수프
ketchup	케첩	케첩
mustard	머스터드	겨자
salt	설트	소금
pepper	페퍼	후추
drink	드링	음료
bread	브레드	빵
coke	코욱	콜라
tea	티	홍차
coffee	커피	커피
juice	쥬스	주스
water	워러	물
milk	밀크	우유
ice cream	아이스 크림	아이스크림
candy	캔디	사탕
peanut	피넛	땅콩

자연

universe	유니버스	우주
nature	네니쳐	자연
sky	스카이	하늘
land	랜드	육지
sea	씨	바다
field	필드	들판
hill	힐	언덕
mountain	마운턴	산
forest	풔리슷	숲
valley	밸리	계곡
cliff	클리프	절벽
island	아일런드	섬
beach	비취	해안
river	리버	강
stream	스트림	시내, 개울
lake	레익	호수
pond	판드	연못
waterfall	워러풜	폭포
rock	락	바위

plant	플랜트	식물
fish	피쉬	물고기
bird	버드	새
tree	트리	나무
leaf	리프	나뭇잎
flower	플라우어	꽃
cloud	클라우드	구름
rain	레인	비
snow	스노우	눈
wind	윈드	바람
wave	웨이브	파도
air	에어	공기
water	워러	물
ice	아이스	얼음

스포츠

baseball	베이스볼	야구
softball	소프트볼	소프트볼
basketball	배스킷볼	농구
American football	어메리컨 풋볼	미식축구

volleyball	발리볼	배구
handball	핸드볼	핸드볼
soccer	사커	축구
skiing	스킹	스키
skating	스케이팅	스케이팅
swimming	스위밍	수영
jogging	쟈깅	조깅
cycling	사이클링	사이클링
bowling	보울링	볼링
golf	갈프	골프
tennis	테니스	테니스
squash	스카쉬	스쿼시
hockey	하키	하키
table tennis	테이블 테니스	탁구
badminton	배드민턴	배드민턴
boxing	박싱	권투
wrestling	레슬링	레슬링

병의 증상

headache	헤드에익	두통

영어	발음	뜻
earache	이어에익	이통
toothache	투쓰에익	치통
stomachache	스터먹에익	배탈
backache	백에익	요통
cold	코울드	감기
fever	퓌버	열, 미열
cough	커흐	기침
runny nose	러니 노우즈	콧물
bloody nose	블러디 노우즈	코피
sick	씩	멀미, 메스꺼움
itchy	이취	가려움
sneeze	스니즈	재채기
cut	컷	벤 상처
scratch	스크래취	긁힌 상처
burn	번	화상
dizzy	디지	어지러운
pain	페인	아픔, 통증

기본 형용사

tall	톨	키 큰

short	쇼트	키 작은
thin	틴	여윈, 마른
fat	팻	살찐, 뚱뚱한
long	롱	긴
short	쇼트	짧은
heavy	헤비	무거운
light	라잇	가벼운
strong	스트롱	강한, 튼튼한
weak	윅	약한
large	라쥐	큰
big	빅	큰
small	스몰	크기나 체구가 작은
little	리틀	작은, 어린
high	하이	높은
low	로우	낮은
loose	루스	헐렁한
tight	타잇	꼭 끼는
fast	패슷	빠른
slow	슬로우	느린
wide	와이드	넓은

영어	발음	뜻
narrow	내로우	좁은
dark	다크	어두운
light	라잇	밝은
good	굿	좋은
bad	배드	나쁜
hot	핫	뜨거운, 더운
cold	콜드	차가운, 추운
soft	소프트	연한, 부드러운
hard	하드	딱딱한
easy	이지	쉬운
difficult	디퓌컬트	어려운
clean	클린	깨끗한
dirty	더티	더러운
noisy	노이지	시끄러운
quiet	콰이엇	조용한
pretty	프리티	예쁜
ugly	어글리	추한
full	풀	가득 찬
empty	엠티	빈
open	오픈	열린

영어	발음	뜻
closed	클로우즈드	닫힌
expensive	익스펜시브	값비싼
cheap	칩	싼
dry	드라이	마른
wet	웻	젖은
left	레프트	왼쪽의
right	롸잇	오른쪽의
right	롸잇	올바른, 맞는
wrong	렁	틀린
hungry	헝그리	배고픈
full	풀	배부른
thirsty	써스티	목마른
healthy	핼씨	건강한
ill	일	아픈, 병든
sick	씩	아픈, 병든
exciting	익사이팅	흥미진진한
interesting	인터리스팅	재미있는, 흥미있는
bored	보드	지루한
sleepy	슬리피	졸린
tired	타이어드	피곤한, 지친

영어	발음	뜻
angry	앵그리	화난
surprised	서프라이즈드	놀란
worried	워리드	걱정하는
scared	스케어드	무서운, 두려운
read	리드	읽다
write	롸잇	쓰다
sing	씽	노래하다
practice	프렉티스	연습하다
draw	드로우	그리다
listen	리슨	귀 기울여 듣다
hear	히어	듣다, 들리다
look	룩	보다
see	씨	보다, 보이다
smell	스멜	냄새 맡다
feel	필	느끼다
talk	톡	말하다
cut	컷	자르다
say	세이	말하다
speak	스픽	말하다
repeat	리핏	따라하다

shout	샤웃	소리치다
cry	크라이	울다
laugh	래흐	웃다
smile	스마일	미소 짓다
eat	잇	먹다
drink	드링크	마시다
taste	테이슷	맛보다
blow	블로우	불다
walk	웍	걷다
run	런	뛰다
pull	풀	당기다
push	푸쉬	밀다
put	풋	놓다
catch	캐취	잡다
wave	웨이브	손 등을 흔든다
pick up	픽컵	집어들다
point	포인트	가리키다
wash	와쉬	씻다
drive	드라이브	운전하다
cook	쿡	요리하다

실시간 여행영어

4판 2쇄 발행 ㅣ 2018년 9월 1일

엮은이 ㅣ 영어교재연구원
펴낸이 ㅣ 윤다시
펴낸곳 ㅣ 도서출판 예가

주　　소 ㅣ 서울시 영등포구 영신로 45길 2
전　　화 ㅣ 02)2633-5462
팩　　스 ㅣ 02)2633-5463
이메일 ㅣ yegabook@hanmail.net
블로그 ㅣ http://blog.daum.net/yegabook
등록번호 ㅣ 제 8-216호

ISBN ㅣ 978-89-7567-553-9   13740

※ 잘못된 책은 바꿔드립니다.
※ 인지는 저자와의 합의하에 생략합니다.
※ 가격은 표지 뒷면에 있습니다.